DER KLEINE COACH FÜR DEN NACHTTISCH

© 2021 Saskia Schulte (Hrsg.). Alle Rechte vorbehalten.

Umschlaggestaltung: Sprudelkopf Design

Lektorat & Redaktion: Sara-Duana Meyer & Lektorat Kelly & Saskia von Buchflüstern.de

Verlag & Druck: tredition GmbH, Halenreie 40-44, 22359 Hamburg

ISBN 978-3-347-32345-2 (Paperback)

ISBN 978-3-347-32346-9 (e-Book)

Das Werk, einschließlich seiner Teile, ist urheberrechtlich geschützt. Jede Verwertung ist ohne Zustimmung des Verlages und des Autors unzulässig. Dies gilt insbesondere für die elektronische oder sonstige Vervielfältigung, Übersetzung, Verbreitung und öffentliche Zugänglichmachung.

Bibliografische Information der Deutschen Nationalbibliothek:

Die Deutsche Nationalbibliothek verzeichnet diese Publikation in der Deutschen Nationalbibliografie; detaillierte bibliografische Daten sind im Internet über http://dnb.d-nb.de abrufbar.

Hinweise der Herausgeberin:

Haftung: Dieses Buch informiert über Selbsthilfemethoden und wurde von den Autor*innen nach bestem Wissen und Gewissen recherchiert. Wer sie anwendet, tut dies auf eigene Verantwortung. Eine Haftung wird ausgeschlossen. Autor*innen und die Herausgeberin beabsichtigen nicht, Diagnosen zu stellen oder Therapie-Empfehlungen zu geben. Die hier beschriebenen Verfahrensweisen sind nicht als Ersatz für professionelle Behandlung bei ernsthaften gesundheitlichen Problemen zu sehen. Dieses Buch enthält außerdem Links zu externen Websites Dritter. Für diese fremden Inhalte übernehmen Autor*innen und Herausgeberin keine Gewähr.

Abgrenzung zur Psychotherapie: Coaching ist keine Therapie und ersetzt diese auch nicht. Coaching basiert auf einer Coach-Klienten-Beziehung, die durch ein partnerschaftliches Miteinander gekennzeichnet ist und dabei die Rolle des Coaches klar von Therapeuten und Ärzten abgrenzt. Das Ergebnis eines Coachings stellt nicht die Linderung psychischer Beschwerden dar, sondern die individuelle Weiterentwicklung des Klienten, womit eine Steigerung seiner allgemeinen Lebensqualität einhergeht.

DER KLEINE COACH FÜR DEN NACHTTISCH

22 Füllhörner verraten ihre Geheimnisse

SASKIA SAVITA SCHULTE (HRSG.)

Inhalt

Vorwort der Herausgeberin — 9

ERKUNDUNGEN
Von Angst, Mut und Liebe

WAS DICH HINTER DER ANGST ERWARTET — 13
von Berenice Tölle

KLEINE MUTMACHER FÜR ZEITEN DER
VERÄNDERUNG — 22
von Gabi Milanese

DU BIST EINFACH TOLL! — 34
Von Christine Schorer

VON GANZEM HÄRZEL — 47
von Rosemarie Simmendinger-Katai

HANDLUNGEN
Von einem Heute und Morgen ohne Sorgen

EINE PERLENKETTE VOLLER GLÜCKSMOMENTE — 57
von Marlis Anna Krieger

DER TANZ MIT DEM LEBEN — 63
von Doris Reifler

WAS, WENN DEINE TRÄUME WAHR WÜRDEN? — 72
von Astrid Best-Botthof

WAS „THAILÄNDISCHER SCHWEINEOHRENSALAT" — 79
MIT ERFOLG, FREUDE, FREIHEIT UND DEINEN
MÖGLICHKEITEN IM LEBEN ZU TUN HAT?
von Jutta Hübel

WENN DU WÜSSTEST ... — 88
von Doris Wio

VERWANDLUNGEN
Von Raupen, Kurtisanen und Schmetterlingen

LISAS METAMORPHOSE von Beatrice Hofmann	95
VON DER HAUSFRAU ZUR KURTISANE, VON DER KURTISANE ZUR MUSE von Mirjam Kronenberg	107
FREUDE, BEGEISTERUNG ODER TRÜBSALBLASEN von Stefan Kohlhofer	114
REISE MIT LEICHTEM GEPÄCK von Silvia Heimburger	124

VERKÖRPERUNGEN
Von deinem Körper, seinem Drumherum und dir

WENN EMOTIONEN ZUR BELASTUNG WERDEN von Heidi Rast	139
DER ERDENANZUG Von Liane Nova	151
DER LACK IST AB – ÜBER ALTERN UND WÜRDE von Kerstin Stolpe	164
DRUNTER UND DRÜBER – DEINEN KÖRPER LIEBEVOLL KLEIDEN von Marie Hollaus	177

VERWIRKLICHUNGEN
Von Mystik, Möglichkeitsräumen und Farbmagie

DEINE GABEN SIND DEINE AUFGABEN. WIRKLICH? von Angelika Schumann	187
MACHE DEINE WELT BUNT von Csilla Wolkerstorfer	195
KAFFEE MIT FOLGEN! von Christine Meyne	204

MYSTIK & MAGIE DES KARTENLEGENS - WIE DU MEHR KLARHEIT IM LEBEN BEKOMMST von Michaela Wetzel	212
COLOURED MIND – FARBENERGIEN FÜR MEHR LEICHTIGKEIT IN DEINEM LEBEN von Carina Griesebner	223

Vorwort der Herausgeberin

Manchmal, am Abend, überkommt mich die Lust, einen Text zu lesen. Nicht zu kurz sollte er sein, denn sonst lese ich gleich mehrere Abschnitte und schalte anschließend mit angefülltem Kopf das Licht aus. Nicht zu lang sollte er sein, damit ich mit dem gelassenen Gefühl schlafen gehe, etwas vollendet zu haben.

Einen Text wünsche ich mir, der mich inspiriert und meine Gedanken vom Alltag und seinen Sorgen weglockt. Der mich mitnimmt zu neuen Ideen, Möglichkeiten und Lösungen, an die ich vorher nicht einmal gedacht hatte. Ich möchte, nachdem ich den Text zu Ende gelesen habe, das Buch zuklappen und mit einem Lächeln einschlafen.

„Der kleine Coach für den Nachttisch" versammelt 22 solcher Texte in einem Band. Es wurde geschrieben für dich - ganz gleich, ob du Ermutigung suchst, Inspirationen liebst oder gerne über neue Seinsweisen nachsinnst. Die 22 Sachtexte und Geschichten enthalten die Lebensweisheiten von 22 Menschen, die ihr Leben bereits zum Besseren wenden konnten. Sie haben Verluste überwunden, sind aus Krisen gestärkt hervorgegangen und haben sich von der angepassten grauen Raupe zum strahlend bunten Schmetterling gewandelt.

Das Beste: Es sind Menschen wie du und ich. Wenn sie das alles können, dann schaffen du und ich das auch.

Doch es kommt noch besser: Jedes Kapitel in diesem Buch ist begleitet von einem Geschenk, das du dir online herunterladen, anhören oder anderweitig einlösen kannst. Es ist ganz einfach: Du folgst dem Link im QR-Code und schon erhältst du dein Geschenk! Damit es für dich noch einfacher ist, findest du alle Geschenkelinks gesammelt auf unserer Webseite der-kleine-Coach.com – schau doch mal vorbei!

Damit das Buch ein noch größeres Geschenk wird, geht das Autorenhonorar als Spende an das Projekt Treecelet.de. Danke, dass du dieses Buch gekauft und das Wiederherstellen von Wäldern auf unserem schönen Planeten Erde unterstützt hast.

Für mich als Herausgeberin war die Zeit der Buchentstehung ebenfalls ein Geschenk. Ich durfte kleine Kostbarkeiten aus Worten heranreifen sehen - und ich bin dankbar, dass ich dabei helfen durfte, sie der Welt zugänglich zu machen.

Ich wünsche dir nun, liebe Leserin und lieber Leser, viele schöne Lesestunden,
deine Saskia Savita Schulte
von Buchflüstern.de

ERKUNDUNGEN

VON ANGST, MUT UND LIEBE

Was dich hinter der Angst erwartet

von Berenice Tölle

DIE ANGST – ein Gefühl, das wir alle kennen. Sie überfällt uns manchmal aus heiterem Himmel, manchmal rechnen wir schon vorher mit ihr. Sie kann gemein sein, sie kann uns kleinmachen, sie lässt uns zittern, manchmal sogar weinen. Sie zeigt sich in den unterschiedlichsten Facetten: mit Herzklopfen, Atemnot und schwitzigen Händen – oder nur als beklemmender Gedanke im Kopf. Egal, wie sie sich zeigt, die Angst, sie macht immer eins: Sie hält dich von etwas ab!

Jeder kennt die Angst, und dennoch kennt kaum jemand sie richtig gut. Oder hast du dich schon einmal wirklich mit ihr auseinandergesetzt? Hast du dich schon einmal gefragt, wie sie entsteht? Ob sie real ist? Warum sie überhaupt da ist?

Ich möchte dich hier mitnehmen auf eine Entdeckungstour, ein kleines Abenteuer, wenn du so willst, über Sinn und Unsinn der Angst. Und darüber, was dich erwartet, wenn du deine Angst hinter dir lässt!

Angst ist ein Gefühl, das durch einen oder mehrere Gedanken ausgelöst wird. Und an dieser Stelle wollen wir einmal untersuchen, wie real deine Gedanken wirklich sind. Stell dir bitte mal die Frage:

Wie viel von dem, was du denkst, ist wirklich wahr? Ist ein Fakt? Beginnt nicht mit „hätte", „würde", „könnte", „wäre"?

Nehmen wir ein paar Beispiele, um zu veranschaulichen, was genau ich meine.

Du hast einen sehr wichtigen Vorstellungstermin, und es geht darum, wann du dich am besten auf den Weg machst, um rechtzeitig dort zu sein. Schon geht es los im Kopf: Was, wenn Stau ist? Was, wenn ich keinen Parkplatz finde? Was, wenn ich total abgehetzt dort ankomme? Also fährst du extra eine komplette Stunde früher los, bist viel zu früh dort und wirst beim Warten immer nervöser ...

Oder du gehst das erste Mal mit jemandem aus, den du super interessant findest. Und dein Kopf so: Oh, hoffentlich sage ich nichts Falsches. Hoffentlich gefalle ich ihm/ihr auch (würde derjenige sonst mit dir ausgehen?). Hoffentlich falle ich nicht die Treppe runter. Hoffentlich rieche ich nicht aus dem Mund ... und so weiter und so fort.

Oder etwas Alltägliches: Du möchtest etwas kochen, und dir kommt beim Einkauf der Gedanke: „Hoffentlich bekomme ich jetzt auch alle Zutaten!".

Von all den Gedanken, die du so hast über den Tag verteilt, wie viele sind solcher Art? Wie viele davon ausgedacht? Wie viel Prozent sind wirklich faktisch wahr?

Bist du überrascht? Überrascht, dass es so wenig ist? Wo wir doch alle unsere Gedanken so super wichtig nehmen ... Ist das nicht verrückt?

Wenn ich meinen Patienten und Mentees diese Fragen stelle, kommt meistens eine Zahl von etwa 10 bis 15 Prozent dabei heraus. Im Umkehrschluss heißt das, dass etwa 85 Prozent von dem, was du denkst, NICHT wahr ist. Wow, lass das bitte mal sacken! 85 Prozent von dem, was dir täglich durch den Kopf schwirrt, ist Fantasie mit Schneegestöber!

Was heißt das jetzt für Gefühle wie die Angst, die ja durch einen oder mehrere Gedanken entstehen? Es heißt, dass auch diese in etwa 85 Prozent der Fälle nicht real sind.

Erinnere dich bitte einmal an das letzte Mal, als du Angst hattest. Weißt du noch, was du davor gedacht hast? War das wahr? Und ist anschließend dein Kopf mit dir durchgaloppiert?

Nun, wenn du nicht gerade auf der Straße gestanden hast und ein Auto auf dich zugerast kam, wenn du nicht gerade von einem wütenden Hund angefallen wurdest, ist davon auszugehen, dass diese Angst eine Erfindung deines hübschen kleinen Köpfchens war!

Warum zum Teufel macht dein Kopf das nur? Weil dein Gehirn gerne im Energiesparmodus ist! Energie sparen bedeutet: bitte keine Veränderung! Alles schön nach dem Motto: Täglich grüßt das Murmeltier!

Wenn du deinem Verstand den Chefposten in deinem Leben gibst, dann erwartet dich ein recht langweiliges Dasein, wobei ein Tag aussieht wie der nächste. Abenteuer hasst dein Verstand. Denn das bedeutet Energieaufwand.

Wenn du sagst, ein Leben, in dem jeder Tag ist wie der vorherige, ist genau das, was du dir wünschst, wunderbar! Dann blättere bitte weiter. Ich bin eher da für die Abenteurer unter uns, für die, die Abwechslung lieben und bei Langeweile sterben …

EINE KLEINE GESCHICHTE über mich und die Angst: Ich liebe Pferde und reite für mein Leben gern. Immer wenn ich zum Stall fuhr, packte mich allerdings eine solche Angst, dass ich dachte: „Nein, diesmal steigst du nicht aufs Pferd!" Ich habe es trotzdem meistens getan

(tatsächlich nicht immer …). Wenn ich dann im Sattel saß, war es einfach wunderschön. Eins sein mit dem Pferd, mit allem.

Also stellte ich mir die Frage: Was ist das mit dieser Angst auf dem Weg zum Stall? Ich machte eine erstaunliche Entdeckung! Ich fand heraus, dass diese Angst in Wirklichkeit Aufregung ist, freudige Aufregung auf das, was mich beim Reiten erwartet!

Wenn ich es zu sehr als Angst definierte, dann hielt ich mich selbst von einer der größten Freuden meines Lebens ab! Puhhh!

Bei meinen Patienten und Mentees erlebe ich jeden Tag Ähnliches. Angst ist ganz oft eine Ablenkung, Angst wird ganz häufig verwechselt, falsch definiert. Warum?

Um das selbst herauszufinden, lade ich dich an dieser Stelle zu einem kleinen Experiment ein:

Bitte lege deine Hände auf deinen Körper, an ein, zwei Stellen, wo es deinem Körper guttut. Atme ein paarmal tief ein und aus und lass alles gehen, was dir in diesem Moment nicht dient.

Nimm nun ganz bewusst deinen linken kleinen Zeh wahr. Sei präsent mit diesem Zeh! Nimm jetzt noch dein rechtes Knie dazu. Sei präsent mit dem Knie. Es ist ganz mühelos, du musst dich nicht anstrengen, es geschieht wie von selbst. Dein Körper weiß!

Und nun nimm deine Nasenspitze dazu. Sei präsent mit dem Zeh, dem Knie, deiner Nasenspitze.

Schwupps, jetzt bist du präsent in deinem Körper. Bleib da bitte!

Bau nun die energetischen Mauern ab, die du um dich herum zum Schutz errichtet hast.

Jeder von uns hat diese Mauern und hält sie mehr oder weniger aufrecht in seinem Leben. Wir alle haben gelernt, dass sie uns Schutz bieten. Das tun sie auch auf gewisse Art und Weise, aber sie lassen auch oft nicht durch, was du dir eigentlich wünschst und was im Grunde ein Geschenk für dich wäre. Hinzu kommt, dass das Aufrechterhalten dieser energetischen Mauern eine riesige Menge Energie verbraucht, die wir gut und gerne in anderes investieren könnten.

Bitte also nun deinen Körper, diese Mauern herunterzufahren. Du musst nicht wissen, wie, weil dein Körper es weiß. Vertrau ihm!

Bring nun Raum zwischen die Moleküle deines Seins (erinnere

dich: Du bist Energie!). Mach dich weit. Und wieder gilt: Dein Körper weiß.

Nun bedanke dich bei deinem Körper (wenn du das noch nie gemacht hast, ist es sicher etwas komisch, aber was kann schon passieren, wenn du es ausprobierst?).

Sag deinem Körper danke für alles, was er seit Beginn deines Lebens für dich getan hat. Lass deinen Körper deine Dankbarkeit für ihn genießen. Gib ihm einen Augenblick Zeit. Atme ein paarmal tief ein und aus. Und dann nimm die Dankbarkeit deines Körpers für dich wahr (denk daran, die energetischen Mauern unten zu halten!).

Genieße auch das einen Moment lang.

Bitte deinen Körper nun, dir die Energie von freudiger Aufregung zu zeigen. Nimm wahr, was dein Körper dir zeigt. Bleib präsent, ausgedehnt und halte die Mauern unten. Dein Körper weiß, wie es geht. Nimm einfach ein paar Atemzüge lang wahr. Wie fühlt es sich an?

Jetzt kannst du diese Energie mit der Energie von Angst vergleichen. Was fällt dir auf?

An dieser Stelle gibt es kein Richtig und kein Falsch. Es ist ja schließlich deine ganz persönliche Erfahrung. Wenn du nichts gespürt hast, gar nicht schlimm. Dann wiederhole die Übung ein paarmal. Sie stärkt auf wundersame Art dein Körperbewusstsein und verändert so dein Leben!

Wenn du bemerkst, dass Angst und freudige Aufregung bei dir zwei total unterschiedliche Energien sind, okay, kein Problem. Dann läufst du nicht Gefahr, die beiden Sachen zu verwechseln.

Wenn du allerdings, so wie ich und viele Menschen, mit denen ich arbeite oder gearbeitet habe, wahrgenommen hast, dass diese beiden Energien fast identisch sind, dann sei das nächste Mal sehr aufmerksam, bevor du ein Gefühl als Angst definierst!

Diese Übung, dieses Experiment, eignet sich auch prima, um wahrnehmen zu können, dass dein wundervoller Körper ganz eigene Wahrnehmungen hat und tatsächlich so etwas wie Freude empfindet, wenn du deine Dankbarkeit ihm gegenüber ausdrückst. So verbessert sich ganz leicht deine Beziehung zu deinem Körper. Je besser eure Beziehung, desto leichter fällt es dir, weniger ängstlich zu sein.

JETZT HABEN wir gemeinsam ein paar Seiten lang deinen Verstand, dein Gehirn, deine Gedanken vom Chefsessel deines Lebens geworfen. Nun finde ich es wichtig, ihnen die Rolle zuzuweisen, die ihnen meiner Meinung nach ursprünglich zusteht. Für mich ist der Verstand zum „Verstehen" da. Lass uns also die Angst noch ein bisschen mehr verstehen.

„Angst", so las ich kürzlich, „ist erlernt. Liebe ist ein natürlicher Zustand." Eine spannende Sichtweise, wenn man sich mit Angst beschäftigt, oder?

Wo und wann lernen wir Angst? Und warum?

Für mich ist die Antwort so simpel wie klar.

Wir lernen sie als Kinder, auf viele unterschiedliche Arten. Jedes „Pass auf, dass du nicht …!", jedes „Vorsicht, du tust dir weh!" bringt uns bei, dass wir Angst haben müssen. Egal, wie gut es auch gemeint ist.

Es kommt allerdings noch ein ganz wesentlicher Aspekt hinzu: Wir lernen sehr früh, eine andere Art von Angst aufzubauen. Die Angst davor, wir selbst zu sein, mit allen Facetten.

Jedes Kind kennt sie, Aussagen wie: „Du bist zu laut, du bist zu schnell, du bist zu vorlaut!" Irgendein „Du bist zu viel!", egal auf welche Weise. Und im Gegenzug ein „Du bist zu wenig!". Also zu schüchtern, zu wenig dankbar, zu wenig hilfsbereit, zu wenig angepasst …

Wir lernen früh, dass wir so, wie wir sind, nicht gut genug sind. Wir lernen früh, dass es nicht sicher ist, wir selbst zu sein. Und wir reagieren darauf, indem wir das Ungeliebte, das, was andere nicht mögen an uns, von uns abtrennen. Wir verdrängen diese Anteile von uns ins „Schattendasein". Damit sie dort bleiben, weiterhin ungesehen und ungeliebt, müssen wir jedoch eine Menge Energie in diese Bereiche geben. Ähnlich wie bei den Schutzmauern geht uns hier eine Menge Energie verloren, weil Vermeidung viel aufwendiger und anstrengender ist als Hingabe, als Annehmen.

Die Kombination dieser beiden Punkte lehrt uns im Grunde, dass das Leben als „wir" nicht sicher ist. Dass es gute Gründe gibt, Angst zu haben.

Ich möchte dich an dieser Stelle noch einmal an etwas erinnern, was ich am Anfang dieses Textes geschrieben habe: Egal, wie sie sich zeigt, die Angst, sie macht immer eins. Sie hält dich von etwas ab!

Lass uns darauf jetzt näher eingehen: Die Angst hält dich davon ab, Dinge zu tun, die dir Spaß machen würden, wie reiten, wie allein ins ferne Ausland reisen, wie tauchen, wie … (ergänze hier gerne dein ganz persönliches Ding!).

Und die Angst hält dich davon ab, zu zeigen, wer und wie und was du in Wahrheit bist. Angst bringt dich dazu, dich anzupassen, dich kleinzuhalten, dich nicht aus dem Gewohnten, aus der Komfortzone hinauszubegeben.

Wenn die Angst nun so groß wird, dass sie mehr oder minder dein Leben bestimmt, dann ist sie außerdem noch eines: ein deutlicher Warnhinweis deiner Seele, dass es an der Zeit ist, etwas zu verändern!

Dieses Verändern, neue Wege einschlagen, das ist eine Wahl. Eine Wahl, die du jederzeit treffen kannst. Wenn du nichts veränderst in deinem Leben, wenn alles abläuft wie immer, dann kann sich logischerweise auch dein Leben nicht verändern.

Was wäre, wenn Veränderung Spaß machen könnte? Was wäre, wenn Veränderung gar nichts Schlimmes wäre? Was wäre, wenn das Universum dir immer den Rücken stärkt und alles, was geschieht, deinem höchsten Wohl dient?

Manchmal reicht es tatsächlich, Kleinigkeiten zu verändern, um ein großes Ergebnis zu erzielen. Auch, was das Thema Angst anbelangt, aber nicht nur bei diesem Thema.

Egal, ob du die Angst hinter dir lässt, ob du über sie hinauswächst, ob du weiter mit ihr lebst, es ist deine Wahl!

Was passiert nun aber, wenn du die Angst hinter dir lässt? Was, wenn du sagst: „Okay, mir ist zwar mulmig zumute dabei" – oder meinetwegen auch deutlich mehr als mulmig –, „ich mache es aber gerade deswegen! Jeden Tag eine Sache, die mich aus der Komfortzone bringt. Die mir schwitzige Hände macht, die mich vor Aufregung zittern lässt oder bei der ich all meinen Mut zusammenkratzen muss." Was passiert, wenn du so lebst?

Ich möchte es dich gerne selbst erfahren lassen, wieder mit einem Experiment!

Fahr nochmal die energetischen Mauern runter, mach dich nochmal ganz weit. Atme ein paarmal tief ein und aus und komm an bei dir. Und nun frage dich: „Wie wird mein Leben in einem Jahr, in fünf Jahren, in zehn Jahren sein, wenn ich über die Angst hinausgehe? Wenn ich mich nicht mehr von ihr ablenken lasse? Bitte, Körper, zeig mir die Energie davon."

Und dann nimm einfach wahr, wie sich die Energie anfühlt, die sich dir jetzt zeigt.

Genieße sie einen Moment lang.

Und? Lohnt es sich? Lohnt es sich, deine Angst hinter dir zu lassen? Wird dein Leben leichter? Prickelnder? Freudiger? Lass es mich gerne wissen. Ich freue mich riesig über ein Feedback darüber, was du hier erlebst mit diesem Text!

Aus jahrelanger therapeutischer Erfahrung mit Angstpatienten kann ich dir sagen: Hinter deiner Angst liegt alles, was du dir wirklich wünschst. Hinter deiner Angst bist du frei und sicher als du selbst. Deine Lebensfreude, das Abenteuer Leben wartet dort auf dich! Hinter deiner Angst ist das Glück!

Möchtest du das auch? Dann lade ich dich ein, deine Angst besser kennenzulernen – oder auch dich selbst! Und wer weiß, vielleicht findest du ja so dein inneres Paradies?

BERENICE TÖLLE ist Heilpraktikerin für Psychotherapie und WoMentorin und unterstützt Menschen dabei, ihr Leben wieder voll und ganz genießen zu können. Früher litt sie selbst unter Depressionen. Heute ist sie rundum glücklich, verheiratet, zweifache Mama und leidenschaftliche Business-Frau. Ihre Mission ist die paradise-revolution.com, mit der sie das Paradies auf Erden für möglichst viele Menschen real machen möchte.

IHR GESCHENK an dich ist eine Audio-Meditation zum Thema „Angst vor Bewertung": https://paradise-revolution.com/dein-geschenk/

Kleine Mutmacher für Zeiten der Veränderung

von Gabi Milanese

ICH LIEBE ZITATE. Und Karten mit Sprüchen. Kaum ein Kartenständer vor Kiosken, an dem ich vorbeigehen kann, ohne zumindest einen Blick darauf zu werfen – und häufig landet dann auch eine Karte in meiner Handtasche, oft sind es mehrere. Sie berühren mich, rufen Erinnerungen wach. Eigene Erfahrungen, die von anderen oder auch Geschichten, die daraus entstehen. Alle handeln von Veränderung.

Das Leben ist Veränderung. Das war es und wird es auch immer sein.

Veränderung ist der Wechsel von einem (alten) zu einem anderen (neuen) Zustand. Klingt einfach. Aber wir wissen: Veränderung kann unheimlich schwer sein, sogar wehtun. Jeder sammelt im Laufe des Lebens Erfahrungen im Umgang mit Veränderungen.

Diese kleinen „Geschichten der Veränderung" sollen Mut machen. Vielleicht erkennst du dich in der einen oder anderen ja wieder und findest eine neue Perspektive. Vielleicht bringen sie dich auch einfach zum Schmunzeln. Viel Spaß!

„Alles lief nach Plan. Nur der Plan war halt irgendwie scheiße."

Christal stand am Fenster und schaute hinaus ins Sonnenlicht. Es war ein schöner Tag. Der Wäschekorb stand vor ihr. Sie weinte – unfähig, die Tränen aufzufangen. Ihr Mann fragte sie, was los sei. „Ich weiß es nicht", antwortete sie. „Ich will die Wäsche zusammenlegen – aber ich kann nicht. Es ist zu schwierig." Christal war auf dem Höhepunkt ihrer Karriere. Hatte am Tag zuvor ein Vorstellungsgespräch für eine neue Managementaufgabe geführt und wollte diese Stelle in Kürze antreten. Und jetzt das! Diagnose: Erschöpfungsdepression – genannt „Burnout". Sie brauchte zwölf Monate, bis sie wieder das Büro betreten konnte. Dazwischen lagen viele Momente von Zweifeln, Mutschöpfen, Lachen, Weinen, Reden, Schweigen. Heute steht Christal wieder voll im Berufsleben, hat keine Rückfälle. Ich frage: „Christal, wenn du an diese Zeit zurückdenkst, was war das Schwierigste, was hast du daraus gelernt, und wofür bist du dankbar?" Christal: „Dieser Zusammenbruch war kein schönes Erlebnis, aber er war wichtig. Er hat mir gezeigt dass der Wille Grenzen hat. Ich hatte nur meine Karriere im Blick, ignorierte die Zeichen, die mir mein Körper gab, wie Schlafstörungen, Magenprobleme, Kopfschmerzen. Ich versuchte mich damit zu beruhigen, dass ich mir zusätzlich zu meinem überbordenden Terminkalender auch noch fast tägliche Sportstunden – als ‚Ausgleich' – verordnete. Die Idee war gut, aber es zwar Zwang. Und das hat letztendlich die Situation noch verschlimmert. Als ich vor dem Wäschekorb stand, hat mein Körper die Regie übernommen, mein bewusster Wille hatte keinen Einfluss mehr. Mein Körper zitterte, weinte, schwieg – und ich wusste nicht, warum. Dieses Gefühl ‚Ich habe keine Kontrolle mehr, mein Wille ist machtlos' war schlimm. Erst in der Klinik konnte ich etwas entspannen. Es fühlte sich an wie ein geschützter Raum, ohne Verpflichtungen. Und ich konnte dort akzeptieren, was ich lange verleugnet hatte: Ich war tatsächlich krank. Und ich brauchte Hilfe. Ich bin dankbar für die Menschen, die mir geholfen haben – ohne meine Ärztin und Psychotherapeutin, meine Familie und Freunde hätte ich das nicht geschafft. Vor allem die professionelle Hilfe war nötig. Der Kampf zurück ins ‚normale' Leben war trotzdem hart. Herausfinden, was geht und was nicht. Immer wiederkehrende Tiefschläge von Erschöpfungszuständen, Selbstzweifeln, Trauer und Wut. Ich musste lernen, weniger verbissen und dafür nachsichtiger mit mir zu sein. Und dass man Ziele, die man sich einmal gesetzt hat, durchaus ändern darf. Ich erinnere mich auch heute noch oft an einen Satz, den meine Therapeutin mir mitgab: ‚Sie haben verdient, sich wohlzufühlen.'

Ich hatte bis dato genaue Pläne ob meiner Zukunft und Karriere und musste mir eingestehen, dass die meisten davon nicht zu mir passten.

Ich habe aus dieser Zeit gelernt, dass ich nicht nur auf die Zukunft, sondern auch auf die Gegenwart schauen muss.

‚Ich muss dafür sorgen, dass es mir heute gut geht, um mich auf morgen freuen zu können. Und nur weil es ein nebliger Tag ist, heißt es nicht, dass die Sonne nicht scheint.'"

> „Das Leben ist wie Fahrradfahren. Um die Balance zu halten, musst du dich vorwärtsbewegen."

Ich dachte, mein Leben ist zu Ende. Ich saß auf der Krankenliege im Krankenhausflur der Notaufnahme. Der Arzt stand vor mir und teilte mir mit, dass ich einen epileptischen Schock gehabt hätte und ab jetzt kein Auto mehr fahren dürfe. Erst mal für 1,5 Jahre, dann sehe man weiter. Ich brauchte mein Auto! Ich war mit dem Auto in die Stadt gekommen! Wie sollte ich morgen früh zur Arbeit fahren? Ich hielt es für einen schlechten Scherz. Aber der Arzt lachte nicht. Er reichte mir einen Umschlag: „Geben Sie den Ihrem Neurologen! Er wird mit Ihnen die weiteren Maßnahmen besprechen", sagte er und war verschwunden.

Ich konnte mir ein Leben ohne Auto nicht vorstellen – unmöglich! Aber es war bestimmt nur vorübergehend. Ich ließ die Diagnose abklären und erhielt knapp eine Woche nach der Hiobsbotschaft in der Klinik leider die Bestätigung: 1,5 Jahre Fahrverbot. Meine Welt brach zusammen! Ich musste mein ganzes Leben neu überdenken. Nicht nur beruflich. Auch privat. Ich war der Fahrer unserer Clique!

Der Weg aus der Autoabhängigkeit war kein leichter. Erschwert wurde er durch meinen schlechten gesundheitlichen Zustand durch die Tablettentherapie, die ich über mich ergehen lassen musste. Ich kämpfte mit Trauer, Wut, Hoffnungslosigkeit, Trotz, Verzweiflung. Da war das Gefühl des Ausgeliefertseins gegenüber den öffentlichen Verkehrsmitteln. Nicht mehr einfach so ins Auto zu steigen und loszufahren, sondern Fahrpläne zu konsultieren, Anschlussverbindungen rauszusuchen und so weiter. Nach meinem ersten Arbeitstag ohne Auto war ich ziemlich verzweifelt. Dreimal umsteigen, immer wieder warten, die Anschlussverbindung finden, den restlichen Weg zu Fuß zurücklegen und bereits nassgeschwitzt morgens im Büro ankommen. Schrecklich! Ich hatte meine Unabhängigkeit verloren. Und so wie jetzt konnte es nicht bleiben. Die Wege waren einfach zu weit. Also musste ich mir eine Bleibe in der Nähe meines Arbeitsorts mit entsprechender Anbindung suchen. Der Kontakt zu meinen Freunden litt: Ich war nur noch am Wochenende zu Hause, und am Wochenende mussten wir jedes Mal eine andere Fahrgelegenheit organisieren – was spontane Aktionen erheblich erschwerte. Meine Gefühlswelt war immer noch dominiert von negativen Gefühlen. Ich konnte meine Situation nicht akzeptieren. Ich fühlte mich wie ein Versager. Ich fühlte mich abhängig, und es fiel mir schwer, um Mitfahrgelegenheiten zu bitten oder sogar sagen zu müssen, dass ich nicht kommen kann. Die Freiheit meines Autos fehlte mir!

Das Leben ging weiter. Es gab immer mal wieder Situationen, in denen ich mein Auto vermisste. Aber nie eine, in der ich keine Lösung gefunden habe.

Ich stehe an der Ampel und blicke mitleidig auf die Automassen, die im Schneckentempo die Straße entlangschleichen. Ich war zu Fuß einkaufen und freue mich, gleich den Rucksack zu Hause abzustellen. Es liegen nur noch zwei Kreuzungen und drei Minuten Fußweg vor mir. In dieser Zeit folgt mein Blick einigen Autos – auf der Suche nach passenden Parkplätzen. Ich steige die Stufen zur Haustür hinauf und werfe einen Blick auf mein wichtigstes und liebstes Verkehrsmittel: mein Fahrrad!

Alle dachten, ich kann nicht ohne Auto.

Heute genieße ich die Freiheit ohne Auto.

„Alle dachten, das geht nicht! Und dann kam einer und hat's einfach gemacht."

André hat eine Stoffwechselkrankheit. Seit er fünf Jahre alt ist. Sie wurde in den 80ern diagnostiziert. Zu dieser Zeit waren noch strikte Medikamentenpläne und Zuckerverbot zentrale Pfeiler der Therapie. Er ist mit Verboten aufgewachsen. „Du darfst das nicht essen!" „Eine Mandarine schmeckt doch auch lecker und ist so viel gesünder als der Schokokuchen deiner Freunde!" Sprüche, die sich in seinen Kopf eingebrannt hatten. So sehnte er den Tag herbei, an dem seine Eltern ihm die „Kontrolle" selbst überließen – und er den Verboten entkam. Er genoss die Freiheit in den ersten Wochen in vollen Zügen. Das wirkte sich natürlich auf die Laborwerte aus. Und auf sein Gewicht und sein Wohlbefinden. Die Spirale drehte sich über drei Jahre – schlechte Werte, mehr Gewicht und Unwohlsein. Aber der Drang, dem Drangsal des „Das ist verboten! Das darfst du nicht!" zu entkommen, war einfach stärker.

Gegen seinen Willen bestanden seine Eltern auf eine Kur. Er sollte lernen, sich besser zu ernähren und mit seiner Krankheit umzugehen. Die Erfolge waren zunächst mäßig. Er verlor nicht wirklich viel Gewicht, und die Tagespläne motivierten ihn auch kein Stück. Er ließ es über sich ergehen. Die Spirale aus Vorwürfen, mangelndem Selbstvertrauen und ständigen Misserfolgen würde sich eh weiterdrehen – davon war er fest überzeugt.

Und dann kam Tag X. Er hatte eine Begegnung: Im Laufe der

Kur hat jeder Patient ein Gespräch beim Chefarzt der Klinik. Als André das Zimmer betrat, fiel ihm ein Prospekt über ein Studium in den USA auf. Der Arzt bemerkte sein Interesse und fragte ihn, ob er in die USA wolle. Klar wollte er. Aber wie? Der Arzt sagte: „Du kannst alles, wenn du es willst." André schnappte zurück: „Aber ich bin doch krank!" „Wenn du mit deiner Krankheit lebst, kannst du alles erreichen, was du willst. Aber wenn du gegen sie lebst, wirst du dich niemals gut in deinem Körper fühlen." Diese Aussage hat André verändert. Und die Tatsache, nicht als Täter oder Opfer behandelt zu werden. Bis dato hatte man ihm immer gesagt, dass er das falsch mache, dies nicht hätte tun dürfen und so weiter. Aber dieser Arzt behandelte ihn wie einen für sich selbst verantwortlichen Menschen. Er machte ihm keine Vorwürfe, zeigte Verständnis für den Drang nach Freiheit. André hatte den Raum als bockiger Fast-Teenager betreten, den wieder eine Vorwurfstirade wegen seines Fehlverhaltens erwartete – und er verließ den Raum in dem Bewusstsein, es selbst in der Hand zu haben. In diesem Gespräch gab es kein „Das geht nicht" – es war ein „Mach einfach"-Gespräch. Und die Erfolge zeigten sich schnell: Durch Schulungen und mehr Disziplin ging es ihm innerhalb weniger Tage besser, er hatte mehr Energie und war besser drauf. Und er nahm auch nach der Kur ab. Ganze 18 Kilo! Was hat er aus diesem Erlebnis gelernt? „Es gibt Dinge, die ich nicht ändern kann. Aber ich habe es in der Hand, wie ich damit umgehe. Und ich alleine bin für mich verantwortlich."

„Na und! Ist mir egal, was die anderen über uns sagen!"

Sie saßen an Bord der Fähre, die sie von Oslo zurück nach Kiel bringen sollte. Sie schauten aufs Wasser, der Mond verschwamm auf den leichten Wellen der Ostsee. Ein friedliches Bild – die Welt mit sich im Reinen. Wie sie! Sie lächelten einander an und freuten sich – sie hatten es gewagt. „Warum seid ihr schon auf dem Heimweg?", fragte ihre Mutter, seine Frau. „Ihr wolltet doch noch eine Woche länger bleiben! War es nicht schön? Ist was passiert?"

Ja, sie wollten eigentlich länger bleiben. Und ja, es war etwas passiert. Einiges sogar. Sie hatten viel gesehen und viel erlebt. Und sie hatten viel über sich selbst gelernt. Wie das?

Sie – das sind Vater Klaus und seine erwachsene Tochter Silke – wollten Silkes Traumurlaub machen: Norwegen mit dem Rad erkunden. Die bisherigen Touren hatten sie immer entlang der deutschen Küsten beziehungsweise Flüsse geführt, und es waren vier bis sechs Tagestouren mit 500 bis 700 Kilometern Strecke gewesen. Aber Silke hatte sich den Nordseeküstenradweg vorgenommen – Startpunkt: Bergen! Es dauerte Monate, bis der Plan stand: Wie sollten sie mit den Rädern nach Bergen kommen? In überschaubarer Zeit, ohne sie auseinanderschrauben zu müssen? Wie kamen sie von Oslo nach Bergen? Und wie konnten sie die Etappen planen? Welche Unterkunftsmöglichkeiten gab es? Und so weiter und so weiter.

Vor der Abfahrt erstellte Silke wie für jede Tour einen Blog, um die Reise zu dokumentieren und Freunde und Familie daran teilhaben zu lassen. Die geplante Route war schon beschrieben. Knapp 1.400 Kilometer hatten sie sich vorgenommen – in 16 Tagen. Sie erzählten stolz von ihren Plänen – und die Aufregung wuchs und wuchs. Dann ging es los! Mit dem Zug nach Kiel. In Kiel auf die große Fähre nach Oslo. Und dann die Ausfahrt aus der Kieler Förde! Bei strahlendem Sonnenschein, der im Wasser funkelte. In Oslo angekommen, fuhren sie mit den Rädern vom Kai zum Bahnhof – auf einer Fahrradautobahn!!!!! – und stiegen in den Panoramazug nach Bergen. Diese Strecke gilt als schönste Bahnstrecke Norwegens – mit Recht! An diesem Tag genossen sie Temperaturen von 25 bis -10 Grad in den Skigebieten. Traumhaft! Sie nutzten die Zugfahrt, um die ersten Etappen zu besprechen. Nach einer kurzen Nacht in der Jugendherberge in Bergen wollten sie früh aufbrechen. Etappenziel circa 80 Kilometer. Das posteten sie auch direkt in den Blog. Fünf Stunden später war aller Optimismus dahin. Sie waren völlig ausgepumpt, hingen mit Tränen der Erschöpfung auf den Stühlen der Jugendherberge – mit einer bestellten Pizza vor sich – und wollten nur noch heim. Die reine Distanz von 10 Kilometern zum Bahnhof klang überschaubar. Der Aufstieg war allerdings alles andere als das. Eine Steigung von knapp 20 Prozent und ein Trampelpfad mit Geröll war der einzige Weg zur Jugendherberge. Dieses Detail hatte man ihnen bei der Buchung verschwiegen! Aber an der ersten Hürde gibt man nicht auf. Der Ehrgeiz trieb sie an. Sie hatten allen von der Reise erzählt, und bisher hatten sie jede geplante Etappe erfüllt, meistens sogar übererfüllt, und dafür Bestätigung von der „Follower-Gruppe" erhalten.

Am nächsten Morgen – etwas später als geplant – packten sie ihre Sachen und machten sich auf den Weg. Sie kamen langsamer voran als gedacht, hatten aber neuen Mut geschöpft und waren voller Tatendrang. Am dritten und vierten Tag jedoch wurden die Bergetappen von starken Regenfällen und Sturmböen flankiert. Und sie litten beide an Sehnenscheidenentzündungen! Sie waren kaum mehr in der Lage, die Landschaften zu genießen. Am Ende des vierten Tages saßen sie in ihrem Zimmer in einer kleinen Pension und grübelten, wie es weitergehen sollte. Sie mussten die Strecke schaffen! Das hatten sie immer! Meistens sogar in weniger als der geplanten Zeit. Beide wussten, dass das diesmal nicht der Fall sein würde. Waren aber nicht bereit, es sich einzugestehen. Ein weiterer Tag dieser Art folgte. Und dann kam die Nacht: Sie wurden von plötzlichem Geschrei und Rumpeln aus dem Schlaf gerissen. Ein heftiger Streit mit Handgreiflichkeiten und herumfliegenden Geschirr im Nebenzimmer, und die Tür ließ sich nicht abschließen – die Randalierer hätten jederzeit in ihr Zimmer kommen können. Silke saß mit angezogenen Beinen bei ihrem Vater im Arm und hoffte und betete, dass ihre Nachbarn nicht ins Zimmer kämen. Dann kam die Polizei – und es war Ruhe. Sie saßen noch eine Weile auf den Betten und sprachen über die Geschehnisse der Nacht, versuchten sich zu beruhigen. Vorm Einschlafen hatten sie einen Entschluss gefasst: Wir verlassen diesen Ort.

Ein paar Stunden später brachen sie auf. In einem Nachbarort fanden sie eine Ferienwohnung mit Panoramablick über Kristiansand. Eine wunderschöne Unterkunft.

„Papa, lass uns nach Hause fahren. Es fällt mir schwer, es zuzugeben, aber ich habe die Strecke unterschätzt. Das Land ist toll. Aber die körperliche Anstrengung ist einfach zu groß. Ich habe Schmerzen. Und die gestrige Nacht hat mir Angst gemacht. Ich hoffe, du bist nicht enttäuscht!"

„Ich bin so froh! Das wollte ich auch vorschlagen! Ich denke seit zwei Tagen daran, wollte aber kein Spielverderber sein – du hast dir die Tour so sehr gewünscht."

„Und was schreiben wir in unseren Blog?"

„Wir posten einfach Bilder und beschreiben die Landschaft."

Also buchte Silke die Rückfahrt eine Woche früher und vorher zwei Tage in Oslo. Sie freuten sich auf die verbleibenden Tage – und hatten kein schlechtes Gewissen oder Versagergefühle. Das war neu! Es fühlte sich alles gut an. Sie hatten sich etwas vorgenommen. Hatten es versucht. Und dann die Entscheidung getroffen, den Genuss vor die Erfüllung des Ziels zu stellen und sich damit zu verausgaben. Das war ein herrlich friedliches Gefühl. Und es war ein Gefühl von Freiheit, einfach früher heimzufahren als geplant.

Der perfekte Abschluss der Reise: Ihr Lebensgefährte wartete am Bahnhof – trotz Umbuchung ;-).

Und was erzählen sie, wenn sie nach der Norwegentour gefragt werden? „Der Urlaub war traumhaft. Wir haben viel gesehen, viel geredet und uns selbst besser kennengelernt. Die Reise war ganz anders als geplant – und eine der schönsten und wertvollsten."

„Nimm ernst, was du tust, aber nicht dich selbst."

Ein warmer Sommertag in New York, auf der Wallstreet, in einem Bürogebäude einer großen Bank. Die Luft ist erfüllt vom Ledergeruch der Konferenzstühle, die Möbel und die Wände sind in dunklem Nussholz gehalten. Angemessen für die Geschäftsführung eines großen Finanzinstituts. Ich bin die Projektleiterin eines Implementierungsprojekts – um die Anwendungen der Bank leichter handhaben zu können. Wir (die Projektleiter des Kunden und ich) präsentieren den Landesvorständen die Ergebnisse und erläutern die nächsten Schritte.

Es ist das letzte Meeting vor der Rückreise nach Deutschland, und es steht unsere Abschlusspräsentation bevor – die Kundenprojektleiter und ich. Mein Gepäck, einen kleinen Koffer und meinen Laptoprucksack, habe ich hinter meinen Stuhl an die Wand gestellt. Es ist genug Platz, und so kann ich mit meinem Gepäck direkt zum Taxi, ohne an den Empfang zu müssen. Am Ende einer kurzen Pause suchen wir alle wieder unsere Plätze auf, sortieren uns. Ein Kollege, mit dem ich auch schon zusammengearbeitet habe, kommt etwas verspätet, betritt mit einem entschuldigenden Blick den Raum und eilt hinter unserer Sitzreihe entlang. Dann bleibt er stehen – direkt hinter mir. Er bückt sich, hebt etwas auf, streckt es in die Höhe, und als ihn alle ansehen, sagt er: „There is a heart behind the iron wall."

Ich blicke ungläubig zu seiner Hand und werde rot: Es ist mein Teddybär! Ich will im Erdboden versinken. Wie peinlich!

Alle im Raum fangen an zu lachen. Aber sie lachen nicht über mich. Sie lachen ein weiches Lachen, ein sympathisches Lachen. Ich blicke in die Runde und schaue in amüsierte und freundliche Augen – es fühlt sich an, als ob Gefühl in die Runde eingekehrt ist.

Nach ein paar Augenblicken drückt mir der Kollege meinen Bären in die Hand. Ich nehme ihn und setze ihn neben meinen Rechner auf den Konferenztisch. „Ok. Teddy decided to participate.

So, this is Teddy. He's my best friend and accompanies me on all of my trips. Teddy, this is the status meeting. Please stay silent."

Das ist vor mehr als zwölf Jahren passiert.

An diesem Tag lernte ich, dass es keine Schwäche ist, Gefühl zu zeigen, und sei es nur in Form eines Maskottchens oder eines Lächelns.

Und aus der damaligen sehr guten Zusammenarbeit ist eine Freundschaft geworden.

LETZTENDLICH LIEGT es in deiner Hand, wie du mit Veränderung umgehst. Wenn ich mir das verdeutlichen will, denke ich an ein Zitat von Henry Ford:

„Ganz gleich, ob Sie denken, Sie können etwas oder Sie können es nicht, Sie haben recht."

In diesem Sinne – nimm es in die Hand!

———

GABI MILANESE lebt Veränderung. Als Beraterin, Führungskraft & Trainerin hat sie viele Länder und Unternehmen kennen gelernt. Heute gibt sie ihre Erfahrungen im Umgang mit Veränderungen an andere Menschen weiter. Sie hat immer einen Post-it-Block in ihrer Handtasche - man weiß ja nie, wann und wo die nächsten Ideen lauern.

IHR GESCHENK an dich sind „Vier Sätze für den ersten Schritt": https://bit.ly/3o6O3uG

Du bist einfach toll!

Von Christine Schorer

DIES SOLLTE URSPRÜNGLICH ein Kapitel über Selbstliebe werden.

Doch als ich anfing zu schreiben, wurde mir klar, dass das Wort Selbstliebe letztendlich immer noch zu banal ist, um das zu beschreiben, was du in Wahrheit bist.

Das, was du BIST. Immer und wahrhaftig.

Du bist wunderbar. Großartig. Einzigartig. Wunderschön. Besonders. Beschützt. Geliebt. Genug. Gut genug. Richtig. Erstaunlich. Wertvoll. Wichtig. Liebenswert. Erfolgreich. Mutig. Mächtig. Stark. Verbunden. Einfach vollkommen!

Knie vor dir nieder. Sei ehrfürchtig. Verliebt in dich.

Welch ein geniales, göttliches Wesen du bist.

Damit ist alles gesagt und dieses Kapitel wäre beendet, würden wir das wirklich glauben, sehen, spüren und wissen.

Denn mehr gibt's kaum zu sagen. Wissen wir doch alle, dass wir ein Teil des Göttlichen sind. Des Einen. Vom Universum. Dem allumfassenden Bewusstsein, oder wie auch immer du es nennen möchtest.

Also sind wir doch per se wundervoll!

Die LIEBE selbst. Die Selbstliebe.

Gibt's hier noch was hinzuzufügen?

Nein. Gar nix.

STOPPE hier einen Augenblick und nimm wahr, welche Gedanken dir in den Kopf geschossen sind, als du das gerade gelesen hast.

Hast du innerlich den Kopf geschüttelt? Warst du versucht, gleich weiterzublättern? Hast du gedacht: So ein Bullshit, was die da schreibt?!

Weil du all das NICHT bist?

Weil du dich lieber anders siehst?

Weil du glaubst, in Wahrheit nicht so toll zu sein?

Genau.

Leider merkst du im Alltag kaum, welch geniales Geschöpf du bist.

Bist wahrscheinlich zu beschäftigt.

Damit, an dir selbst rumzunörgeln.

Mit der ständigen Selbstoptimierung. Mit deinen Komplexen. Und deinen Ängsten und Zweifeln. Und gleichzeitig dem Wegdrücken von unangenehmen Gefühlen, die manchmal hochploppen, zum Beispiel Neid, Wut, Sorgen, Scham, Schuld etc.

Damit, dich zu schämen, wegen deiner Unzulänglichkeiten.

Damit, immer alles richtig machen zu müssen und dich dennoch falsch zu fühlen.

Damit, dich klein zu machen.

Damit, all das zu verdrängen, was sich immer wieder so unbequem und fies anfühlt. Und dich zu wundern, warum es doch so oft wieder hochkommt.

Warum machst du das seit Jahren automatisch und unbewusst?

Schlichte Antwort: Du möchtest dazu gehören. Geliebt werden. Gefallen. Dafür nimmst du einiges in Kauf.

Weil du das willst, musst du dich ständig anpassen, um es den anderen recht zu machen. Derer gibt es viele und du bist echt und ernsthaft bemüht, dass jeder sich mit dir wohlfühlt.

Wir nehmen die Bedürfnisse der vielen unterschiedlichen anderen Menschen meist wichtiger als unsere eigenen und richten uns oft nach deren Wünschen. Zuerst kommen die Kinder, der Mann oder die Frau, die Eltern, die Arbeit... Und erst wenn alles erledigt ist, kommen wir selbst an die Reihe.

Mit den anderen gehen wir immer fürsorglich um. Kümmern uns liebevoll um deren Belange und sorgen uns um ihr Wohlergehen. Unterstützen, motivieren, feuern an, glauben an sie und stehen voll hinter ihnen.

Wenn wir von jemandem NICHT begeistert sind, dann von uns selbst. Da müssen wir leider passen.

Uns selbst stellen wir lieber hinten an. Um uns muss man sich nicht unbedingt kümmern. Wir machen das schon selbst, irgendwann mal, vielleicht, so ein bisschen...

Komplimente wiegeln wir ab.

„Wow, siehst du heute toll aus!"

„Ach, ich habe mich heute gar nicht groß hergerichtet."

„Dieses Bild hast du ja schön gemalt!"

„Ach ich habe bloß mal was versucht. Ist nicht so gut geworden."

Im Mittelpunkt stehen? Da bricht der Angstschweiß aus.

Wir wollen nichts Besonderes sein. Sondern allen beweisen, dass wir wirklich nur Durchschnitt sind. Keine andere Meinung haben. Ein Normalo. Und damit eben die Berechtigung, ein Teil der Gesellschaft zu sein.

Wir bleiben auf der Strecke.

Gleichzeitig fühlen wir uns nicht wahrgenommen. Unwichtig. Falsch und nicht wertgeschätzt.

Unsere Selbstgespräche mit uns selbst sind alles andere als liebevoll.

Wir meckern in einer Tour an unseren scheinbaren Unzulänglichkeiten herum, sind mit unseren Leistungen selten zufrieden. Im Vergleich zu jenen, mit denen wir uns vergleichen.

Wir reden uns ein, dass alle anderen besser, schöner, glücklicher, schlanker, fröhlicher, beliebter, erfolgreicher und sonst was sind.

Überhaupt sind wir latent höchst unzufrieden mit uns.

Das darf sich jetzt verändern!

Vielleicht bist du selbst schon draufgekommen, dass du dich mehr wertschätzen und lieben willst?

Spürst diese innere Zerrissenheit und das Hin und Her zwischen deinen Bedürfnissen und dem Wunsch, es allen recht zu machen?

Weißt aber nicht genau, was du verändern könntest?

Machst manchmal einen Versuch und redest dir ein, wie toll du bist, fühlst es aber nicht wirklich?

Weil es halt immer was zu nörgeln gibt? Weil du für deinen Geschmack lieber anders wärst? Weil du glaubst, du kannst es eh nicht ändern?

Weil du immer ein schlechtes Gewissen hast, wenn du dieses nicht tust, oder jene Gefühle hast?

Irgendwas in dir hält dich immer noch davon ab, dich zu lieben? Anzuerkennen? Zu akzeptieren, wie du bist?

KEINE SORGE, du bist nicht allein. So wie dir geht es vielen Menschen.

Wir haben es schlicht nicht gelernt. Beziehungsweise VERlernt. Das Ding mit der Selbstliebe.

Obwohl wir damit auf die Welt gekommen sind.

Kleiner Exkurs in die Vergangenheit

Bei deinem großartigen Debut auf dem Planet Erde bist du frisch, unbedarft und reine Liebe.

Selbstverständlich bist du das liebenswerteste, wundervollste Wesen überhaupt.

Das müssen doch alle sehen!

Leider werden wir alsbald mit den verschiedensten Dingen konfrontiert, die wir nicht verstehen und die sich nicht gut anfühlen.

Schimpfen, Strafen, Zurückweisung, Liebesentzug, Vorwürfe etc. sorgen im Laufe unseres Erwachsenwerdens dafür, dass wir nicht mehr glauben – und fühlen – wie toll wir sind.

Wir bekommen eher vermittelt, nicht liebenswert zu sein, weil wir so viele Dinge falsch machen, noch nicht perfekt können und wir unsere Eltern einfach nicht zufrieden stellen.

Vielleicht kümmern sie sich auch nicht um unsere Belange. Interessieren sich nicht für uns. Loben uns nicht. Sehen uns nicht. Oder nehmen uns nicht wichtig.

Das alles löst die verschiedensten Gefühle in uns aus. Und viele davon mögen unsere Eltern nicht. Besonders „schlechte" Gefühle wie Wut, Angst, Trauer... Schnell wird das unterbunden, abgewürgt.

Wer kennt ihn nicht, den Satz: „Du brauchst doch keine Angst zu haben!"

Ja, aber ich HABE Angst – und nun?

Die wenigsten Eltern zeigen ihren Kindern, dass es O.K. ist, auch negative Gefühle zu spüren. Und so stehen wir da und wissen nicht, was wir damit tun sollen. Also drücken wir sie weg...

Unsere Sprache bezieht sich überhaupt sehr auf unser SEIN und unterscheidet oft nicht zwischen sein und tun.

Du bist gemein, sagen wir, statt: Das, was du da getan hast, war gemein.

Wir fangen irgendwann an zu glauben, dass wir schlecht sind, gemein, blöd, schwierig, etc. und dass wir all das andere NICHT sind. Denn üblicherweise wird das Positive nicht gesagt: Du bist toll, lieb, wichtig, gescheit...

Nicht falsch verstehen, die meisten Eltern meinen es nicht böse. Sie handeln so, wie sie selbst es gelernt haben und wollen nur das Beste für uns.

Auch die liebevollsten Eltern sagen und tun im Lauf unseres

Heranwachsens unabsichtlich Dinge, die wir falsch auffassen oder die schmerzliche Gefühle hervorrufen.

Später sind es dann die Gesellschaft, die Lehrer*innen, die Freund*innen, die Medien, die uns vermitteln: So wie du bist, bist du nicht in Ordnung.

Wir lernen und glauben, dass mit uns was nicht stimmt. Und laufen mit einem Sammelsurium an negativen Selbstbildern durchs Leben.

Sogar der Körper wendet sich scheinbar gegen uns. Wir fühlen uns vielleicht insgesamt unschön. Oder zu dick, zu klein, zu hässlich, zu pickelig, zu fad…

Irgendwann ist das dann so zu unserem ‚Normal' geworden, dass wir gar nicht mehr an die vergangenen Verletzungen und verdrängten Gefühle denken. Haben sie tief vergaben. Stellen keinen Bezug mehr her, zwischen den früheren schmerzlichen Erfahrungen und den aktuellen Problemen in den verschiedensten Lebensbereichen.

Außerdem machen die anderen das ja auch.

Jeder mäkelt an sich oder den anderen herum und – Hand aufs Herz – es tut soo gut, wenn die Freundin das gleiche Thema hat, wie man selbst.

Was wäre denn, wenn sie zufrieden mit sich selbst wäre, sich sogar vollumfänglich lieben würde?

Dann hätte man ja kein Gesprächsthema mehr! Außerdem mag man sie dann nicht mehr. Immerhin zeigt sie einem so überdeutlich die eigenen Mängel auf…

ZURÜCK.

Wir haben so sehr gelernt, uns nicht selbst zu lieben und in unserem SO-SEIN abzulehnen.

Es gibt kaum Vorbilder in Sachen Selbstliebe.

Wenn uns doch jemand begegnet, der oder die voll in seiner oder ihrer Selbstliebe steht, fällt uns das auf. Meist unangenehm. Triggert uns. Weil so unpassend. Besonders. Ungewohnt. Einschüchternd. Ganz tief in unserem Inneren spüren wir: DAS WILL ICH AUCH! Wie liebt man sich eigentlich selbst? Was ist diese Liebe eigentlich ganz genau? Wie fühlt sie sich an??

Exkurs: was ist Selbstliebe überhaupt?

„Selbstliebe, auch Eigenliebe, bezeichnet die allumfassende Annahme seiner selbst in Form einer uneingeschränkten Liebe zu sich selbst." (Quelle: Wikipedia.)

Un-ein-ge-schränkt (Adj.): ohne Einschränkung geltend, voll, 100%.

Selbstliebe ist also die vollumfängliche, 100%ige Annahme von ALLEM, das zu uns gehört.

Von allen Gedanken, Gefühlen, Meinungen, Handlungen jetzt oder früher, allen Aspekten, Eigenschaften, Verhaltensweisen, Denkgewohnheiten, Automatismen, Aussehen und alles, was uns sonst noch ausmacht.

Ganz besonders von all jenen Empfindungen, die wir als ‚schlecht' definieren und deshalb ablehnen: Scham, Schuld, Neid, Eifersucht, Geiz, Gier, Schadenfreude, Rachegedanken…

Selbstliebe schließt NICHTS aus und alles mit ein.

Selbstliebe ist das bedingungslose JA zu uns selbst.

Menschen, die sich selbst lieben, stellen sich in ihrem Leben an die erste Stelle.

Sie sorgen für sich und nehmen die Erfüllung ihrer Bedürfnisse selbst in die Hand.

Sie sind emotional unabhängig von der Meinung und den Urteilen anderer Menschen, kennen sich selbst und ihre Bedürfnisse ganz genau und wissen, wie sie diese erfüllen können.

Menschen, die sich selbst lieben, nehmen sich selbst wichtig und sorgen aktiv dafür, dass es ihnen gut geht.

Menschen, die sich selbst lieben, stehen zu ALL ihren Empfindungen und unterdrücken sie nicht.

Menschen, die sich selbst lieben, sind frei von jeglicher Bewertung, besonders sich selbst gegenüber. Und in der Folge dann auch denen der anderen.

Sie sind frei und unabhängig in ihrem SEIN.

Sie fühlen sich wertvoll und besonders, einfach aus und durch sich selbst heraus.

Als Folge dieser bedingungslosen Akzeptanz ihrer selbst haben sie anderen Menschen viel zu geben. Da Menschen, die sich selbst lieben, vollkommen wertfrei sind, gegenüber sich und anderen, versprühen sie eine Energie der Liebe auf ihr gesamtes Umfeld. Das wiederum unaufgeregt, getragen und entspannt reagiert – darf doch jeder sein und sich zeigen, wie er oder sie ist.

So erfahren und erkennen sie sich als GANZES und die Suche ist beendet.

Hört sich phantastisch an!?

Ist es auch.

Die eigenen Gefühle und Bedürfnisse wahr- und wichtig zu nehmen, ist die Voraussetzung für ein freies und selbstbestimmtes Leben. Fehler machen dürfen, Entscheidungen treffen, die sich hinterher als nicht die Besten erweisen, und sich dennoch damit mögen.

Es geht nicht darum, perfekt sein zu müssen oder negative Gefühle loszuwerden. Im Gegenteil!

Selbstliebe ist der Frieden, der uns einhüllt, wenn wir uns erlauben, all das zu sein und zu fühlen, was zu fühlen wir uns bisher verboten haben. Oder aber weghaben wollten.

Wie mache ich das nun ganz genau?

Selbstliebe im Alltag

Selbstliebe und sich selbst lieben lernen ist ein Prozess, der eingeleitet werden darf und sich im Laufe des Lebens immer mehr vertieft.

Es gibt keinen Endpunkt, an dem du sagst: Jetzt liebe ich mich und fertig.

Du fühlst die Liebe mit der Zeit immer tiefer und wirst immer freier und offener für dich und die anderen Menschen.

Nach und nach wirst du merken, dass du immer mehr Entscheidungen FÜR dich triffst. Dir erlaubst, deinen Weg zu gehen und gleichzeitig akzeptierst, was andere für sich wählen. Du merkst, dass das, was im Außen passiert, was andere dir scheinbar antun oder über dich erzählen, nicht ansatzweise mit dir zu tun hat.

Du beziehst nichts mehr von dem, was dein Umfeld sagt oder tut, auf dich.

Also los:

Zuerst darfst du die Entscheidung treffen, dass du dich ab JETZT wirklich selbst lieben und akzeptieren willst!

Diese Entscheidung darfst du jeden Tag aufs Neue treffen und bekräftigen!

Stehe jeden Morgen auf und sage folgenden Satz:

„Ich erlaube mir, mich zu 100% zu lieben und anzunehmen."

Im Alltag übe dich darin, in dich hineinzuhorchen.

Nimm wahr, welche Situationen oder Personen welche Gedanken bzw. Gefühle in dir verursachen.

Lass das alles da sein. Sieh es wirklich. Spüre es wirklich. Tue nichts damit. Einfach da sein lassen und wahrnehmen. Wie ein*e Forscher*in: Aha, so fühlt es sich an, wenn mein*e Partner*in sauer auf mich ist. Nimm das Bedürfnis wahr, etwas dagegen unternehmen zu wollen. Wieder Frieden zu stiften oder nachzugeben, zum Beispiel.

Einfach wahrnehmen und zulassen.

Immer wieder, den ganzen Tag über.

Ob mit der Familie, den Kolleg*innen, den anderen Autofahrer*innen, den Politiker*innen: Das Spielfeld ist groß.

Übe dich auch darin, immer wieder in das Gefühl zu gehen, wie es sich für dich anfühlen könnte, dich selbst vollumfänglich zu lieben.

Dies kannst du wirklich täglich tun.

EINE TOLLE UND kraftvolle Übung ist zusätzlich diese Körperübung:

Nimm dir für diese Übung zehn Minuten Zeit und sorge dafür, dass du ungestört bist.

Stelle oder setze dich nackt vor einen Ganzkörperspiegel.

Betrachte dich.

Beobachte, was dein Verstand dir erzählt:

„Das ist doch blöd. Was soll das? Was machst du da überhaupt? Wir haben doch was anders zu tun. Kannst du jetzt endlich aufhören?"

Einfach da sein lassen.

Was kommt noch hoch? Welche Empfindungen spürst du gerade?

Widerstand vielleicht? Willst dich gar nicht anblicken? Findest dich hässlich?

Lass alles da sein. Ohne Wertung, ohne etwas damit zu tun. Einfach fühlen.

Was spürst du jetzt? Verspürst du einen Drang, dieses Experiment abzubrechen? Wegzugucken? Lass es zu.

Gehe in eine neugierige Haltung: „Ah, interessant. Da gibt es einen Anteil in mir, der mich nicht anblicken will."

Sei präsent und erlaube, dass es diesen Anteil in dir gibt. Vielleicht steigt Trauer in dir hoch. Lasse es zu. Weine, wenn dir danach ist. Lasse alles aus dir rausfließen, was sich gerade zeigt.

Kehre dann zurück zu deinem Spiegelbild.

Kommt etwas anderes hoch? Lasse auch das zu, bis dieses nächste Gefühl nachlässt.

Was kommt als nächstes?

Mache das so lange, bis du keine aufsteigenden Gefühle mehr wahrnimmst.

Du kannst deine Aufmerksamkeit auch auf eine spezielle Körperpartie oder ein Körperteil richten, das du nicht magst.

Bemerke nach deinem ‚Durchfühlen' den Frieden, der sich in dir breitmacht.

Zuletzt schaue dich an und sage dir: „Ich bin (dein Name) und ich liebe und akzeptiere mich so, wie ich bin!"

Horche in dich hinein. Glaubst du dir das? Fühlt es sich ehrlich an?

Kommt erneut was hoch, zum Beispiel das Gefühl, Liebe nicht verdient zu haben?

Bleibe auch hier wieder dabei, ohne Wertung. Einfach da sein lassen.

Wiederhole den Satz ein paar Mal und versuche mehr und mehr dich zu lieben.

Gehe dann gestärkt in deinen Alltag.

DIESE ÜBUNG IST SEHR KRAFTVOLL, weil sie über den Körper all das aus dir herausholt, was du über Jahre und Jahrzehnte in dir gespeichert und weggedrückt hast.

Sei nachsichtig mit dir: Wenn du dich noch nicht so annehmen und lieben kannst, wie du gerne möchtest, erlaube dir, dass du gerade erst auf dem Weg bist.

Erwarte nicht, dass über viele Jahre hinweg angestaute Gefühle und angewöhnte Denkmuster von jetzt auf gleich verschwinden. Sie dürfen sich Schicht für Schicht auflösen.

Du bist ab jetzt auf dem besten Weg dorthin: Du hast den ersten Schritt getan!

Feiere dich dafür und sei dankbar, dass du dir so viel wert bist!

Je öfter du diese Übung machst, umso tiefer wird das liebevolle Gefühl dir selbst gegenüber werden.

Sei ab jetzt offen für dich.

Sei bereit, dass sich alles verändern darf.

Übernimm ab jetzt die Verantwortung deiner Wahrnehmung, deines Denkens, Fühlens und Handelns. Warte nicht darauf, bis da draußen in der Welt etwas passiert oder jemand etwas tut, was dich erlöst.

Warte nicht auf die Wertschätzung oder Anerkennung der Menschen. Die sie dir gar nicht geben können, weil sie selbst in ihren Mustern und Verletzungen gefangen sind. Sich selbst auch nicht lieben.

Indem du dir all das erlaubst, dich zu lieben und dich wertzuschätzen, erlaubst du es auch deinen Liebsten und allen, die mit dir in Verbindung stehen. Du zeigst, dass Selbstliebe nicht egoistisch ist, sondern lebensnotwendig, um harmonische Beziehungen zu leben!

Erlaube dir Visionen und Ziele zu haben und diese auch zu erreichen. Gehe dein Leben. Schritt für Schritt. Auch wenn du mal Fehler machst, hinfällst, dich irrst oder sogar scheiterst. Stehe einmal mehr auf, nimm all das als wertvolle Erfahrung mit und gehe weiter.

Du wirst sehen, je mehr du in deine Liebe und Kraft kommst, umso mehr Eigenverantwortung übernimmst du dafür, wie du dich fühlst und was du denkst.

Du wirst anfangen, dein Leben in die Richtung zu lenken, die du möchtest. Indem du dich selbst anerkennst, für ALLES, was sich bisher in deinem Leben gezeigt hat und was du schon gemeistert hast oder auch, woran du gescheitert bist, bist du authentisch. Du stehst zu dir, egal, was du gemacht hast.

Sorge zudem für Spaß und Freude. Erlaube dir auch mal Sinnloses zu tun, einfach weil es Laune macht. Genieße jeden Tag und sorge für dich, deinen Körper und dein Seelenleben. Indem du dich selbst sein lässt, kannst du auch andere Menschen anders wahrnehmen und sein lassen.

Dein ganzes Umfeld harmonisiert sich.

Erlaube dir ab jetzt immer und immer wieder, dich als das Wesen zu sehen, das ich eingangs beschrieben habe!

Das ist, was du wirklich bist.

Wunderbar!

CHRISTINE SCHORER ist verheiratet, Mama von 4 Kindern, führte jahrelang ein „normales" Leben und schien glücklich. Doch innerlich unzufrieden und antriebslos suchte sie nach der Ursache. Sie fand die Lösung schließlich in sich selbst. Selbstliebe ist DER Schlüssel zum Glück. Heute gibt sie anderen Menschen diesen Schlüssel und ihr Wissen weiter.

IHR GESCHENK an dich sind die Routinen im Alltag für „Selbstliebe to go": https://bit.ly/2NYlMY9

Von ganzem Härzel

von Rosemarie Simmendinger-Katai

SEHR FRÜH AM MORGEN – ach, fast noch in der Nacht, hat Härzel heute Vroint aufgeweckt. Sie wollte unbedingt spazieren gehen. Sie wollte einmal wieder was ganz anderes machen als gewöhnlich. Vroint war gar nicht begeistert. Es ist doch noch so dunkel und gefährlich, meinte er. Aber gegen Härzels Klopfen konnte er einfach nichts Gescheites einwenden und so machten sie sich auf den Weg.

Das Geplänkel zwischen Vroint Verstand und Härzel Herz während dieses morgendlichen Ausflugs möchte ich dir, liebe Leserin und dir, lieber Leser nicht vorenthalten.

Der Waldweg war bisher angenehm zu begehen. Da taucht plötzlich links ein schmaler Pfad auf, der steil nach oben führt.

Vroint: Stopp! Das ist gefährlich!

Härzel: Ich will aber da lang.

Vroint: Den Weg kennst du doch gar nicht.

Härzel: Ja, deswegen.

Vroint: Meistens wird das nichts, wenn du wohin gehst oder etwas machst, das du nicht kennst. Dann muss ich dir wieder aus der Patsche helfen.

Härzel: Du tust ja so, als wäre ich die paar Mal, wenn ich was

Neues probiert habe, kurz vor meinem endgültigen Stillstand gewesen.

Vroint: Stimmt ja auch. Jedenfalls war es manchmal peinlich.

Härzel: Wie – peinlich. Dir oder mir?

Vroint: Na ja, was denken die Leute. Ich bin der Verstand und verstehe alles, auch die Leute.

Härzel: Und wie ist das mit mir? Mich verstehst du auch?

Vroint: Zugegeben – das fällt mir tatsächlich schwer. Du bist schon sehr speziell. Genau genommen denke ich, dass du süchtig bist.

Härzel: Ich – süchtig? Ich trink nix – noch nicht mal Kaffee, rauche nicht und nehme weder Pulver noch Pillen. Wie kommst du da jetzt drauf?

Vroint: Ich hab' da so einen Verdacht.

Härzel: Aha. Dann mal raus damit – ich bin gespannt. Und es ist dir hoffentlich nicht peinlich?

Vroint: *[Druckst herum]* Also. Also. Es ist Sehnsucht, glaub ich.

Härzel: Sehnsucht. *[Pause]* SEHNsucht. *[Pause]* SehnSUCHT. *[Pause]* Haha! Das gefällt mir.

Vroint: Jetzt spinn' nicht wieder rum. Du und deine Wortfummelei. Ich meine das im Ernst.

Härzel: Was heißt hier Wortfummelei? Übrigens hätte ich dir so eine Wort-Erfindung gar nicht zugetraut. Und du hast recht, mein lieber Freund. Ich bin hochgradig sehnsüchtig!

Vroint: Du gibst es zu?

Härzel: Ich finde, unsere Wörter verraten schon einiges. Manchmal mehr, manchmal genügen sie nicht.

Vroint: Du machst mich wahnsinnig!

Härzel: Das geht aber schnell. Jetzt beruhige dich erst einmal. Dann bitte ich dich, mir hörend zu folgen. Unterbrich mich nur, wenn es zu gefährlich oder peinlich wird.

Vroint: Na gut, zehn Minuten.

Härzel: *[Lächelt]* Vielleicht geht es ja schneller? Schau mal: Sehnsucht, sehnsüchtig. Ich schau' mir die Begriffe gerne genauer an. Da hat sich einiges dahinter versteckt, was wir nicht mehr beachten. Aus Gewohnheit vielleicht? Dir ist zum Beispiel SUCHT aufgefallen. Ich frage dich: Ist jemand süchtig, der etwas sucht? Mir fällt SEHN auf. Sehnen und Sehen. Ich bin ein HERZ!

Vroint: *[Stöhnt leise]*

Härzel: Bschscht. Ich bin ein Herz und habe immer Sehnsucht. Ich sehne mich danach, Neues zu sehen, noch Besseres, und suche danach. Ich halte Ausschau nach mehr Möglichkeiten, Abenteuern, und was es noch gibt, auch was mein Auge – warum auch immer – noch nicht einfangen kann. Das ist meine Natur.

Vroint: Und meine Natur? Das interessiert wieder mal niemand.

Härzel: Jetzt, wo du das sagst, interessiert es mich. Bitte, verrate es mir.

Vroint: Ich bin da, um aufzupassen. Ich hab' Erfahrung. Ich bin vernünftig. Ich kenne mich aus. Ich kann Ordnung schaffen. Ich bin neutral und nüchtern. Ich behalte die Kontrolle. Meine Werkzeuge sind die Augen, Ohren, Geruch und Geschmack, das Tasten und weitere feine Kleinigkeiten. Und ich kann mich im Kreis drehen.

Härzel: Auch ich nutze diese Werkzeuge – nur anders. Im Kreis drehen kann ich mich nicht, dafür klopfe ich gelegentlich schneller. Mein lieber Freund, ich habe dir bisher noch nie gesagt, wie sehr ich dich liebe und es schätze, dass du bei mir bist und alles das für mich machst, was du machst. Ich danke dir von Herzen!

Vroint: *[Das Gegenteil von verlegen]* Für einen Verstand ist das selbstverständlich. Andernfalls müsste er sich Vorwürfe machen. Mit der Liebe bin ich vorsichtig, da könnte ich glatt die Kontrolle verlieren, und das kann ich mir auf keinen Fall leisten. Du brauchst mir nicht zu danken.

Härzel: Aber ich möchte es.

Vroint: *[Mit spöttischem Unterton]* Wieder mal sentimental?

Inzwischen sind sie auf dem schmalen Pfad unterwegs. Solange sie diskutieren, bleiben sie immer wieder stehen. Jetzt gehen sie schweigend weiter und schauen sich um, beide in ihre Gedanken vertieft – wobei Härzel das Ganze sehr genießen kann.

Härzel: Wie wäre es, wenn wir in Zukunft besser zusammenarbeiten würden?

Vroint: Wie soll das denn gehen?

Härzel: Du mit all deinen Fähigkeiten hilfst mir bei meiner Sehnsucht. Vorher muss ich dir allerdings noch ein Geständnis machen.

Vroint: Jetzt bin ich aber neugierig!

Härzel: Du bist neugierig? Das ist super! Ich trau mich nur nicht so recht. Vielleicht putzt du mich doch gleich wieder runter. Also... ja...also...

Vroint: Na, sag schon!

Härzel: Du machst dich auch nicht lustig, versprochen?

Vroint: Du weißt doch, ich schau mir immer alles neutral und nüchtern an. Sag`s endlich!

Härzel: *[Flüsternd]* Ich hab' mich verliebt.

Vroint: Oh je!

Härzel: Ich hab' mich verliebt in „was ich noch nicht kenne" – in das Unbekannte.

Vroint: *[Aufgebracht]* Das gibt's doch nicht! Das kann doch nicht sein! Das ist doch lächerlich! Genügt es dir denn nicht, in mich verliebt zu sein? Bei mir gibt es wenigstens Vorsorge und Sicherheit und...und...

Härzel: ...und klare Grenzen? Ich hab`s gewusst! Du lachst also doch und putzt mich runter, oder wie das heißt. Neutral und nüchtern ist das gerade nicht. Und damit du es weißt, ich kann DICH lieben und das Unbekannte auch und noch viel mehr – ich bin nämlich groß. Größer als du jemals denken kannst.

Vroint: Entschuldige, ich wollte dich nicht beleidigen. *[Nachdenklich]* In das Unbekannte verliebt! Woran merkst du das?

Härzel: Es klopft, zieht und bumbert. Manchmal unregelmäßig. Erst wenn ich ein paarmal tieeef ein- und ausatmen lasse, wird es etwas ruhiger. Dann bekomme ich auch wieder mit, was sonst noch los ist.

Vroint: Das ist also dein Beweis für verliebt sein, ts ts ts. Lass dir das gesagt sein: Das Unbekannte kann man nicht nüchtern und neutral anschauen. Weil man es nämlich nicht sehen kann. Und komm mir nicht wieder mit dem Zeug, dass du da etwas ahnst oder spürst!

Härzel: Doch. Das Unbekannte ist jenseits der Grenzen. Schau doch ein einziges Mal darüber hinaus, was es da alles zu entdecken gibt. Du hast die Grenzen ja selber festgezurrt und müsstest noch wissen, wo sie sind.

Vroint: Ich seh' da nix. Eigentlich will ich da auch nicht rüber schauen.

Härzel: Direkt was sehen kann man vielleicht auch nicht. Es ist so ein Ahnen und Sehnen. Und ich spüre ein Kribbeln, wenn ich mich nur ein wenig in die Richtung bewege. Die Augen sehen sowieso nicht alles, womöglich, weil du sie ständig kontrollierst? Aber ich habe schon eine Ahnung davon, dass mich und dich etwas Interessantes erwarten könnte.

Vroint: ...„erwarten könnte." Ist dir eigentlich klar, was du da sagst? Das bedeutet doch, dass du nicht einmal weißt, ob da überhaupt was ist. Dann wäre das alles, die ganze Mühe, umsonst.

Härzel: Erst müssen wir dorthin, dann gibt es auch wieder was für die Augen zu sehen. Ohnehin wäre es sinnvoll, öfter einmal woanders hinzugehen. Bestimmt hätten auch die Augen damit ihre Freude. Ich würde dir das gern besser beschreiben, allein die Worte fehlen mir.

Vroint: Was es nicht gibt, kann man nicht beschreiben.

Härzel: Und möchtest du mir trotzdem helfen? Wie ich dich kenne, freust du dich danach, wenn du mal etwas Neues lernen darfst. Zumindest hast du damit wieder eine Erfahrung gewonnen, durch die du mich irgendwann einmal schützen könntest, wenn es erforderlich wäre.

Vroint: Was soll ich machen?

Härzel: Bitte begib dich rechts oder links hinter mich, so, dass du mir über die Schulter sehen kannst und mir notfalls einen Rat zuflüstern könntest. Und warte möglichst damit, bis ich dich darum bitte. Bevor du mich bremst, stelle mir zuerst eine Frage. Etwa so: Möchtest du das wirklich? Gibt es hier noch andere Möglichkeiten? Du wirst schon wissen, welche, ich vertraue dir. Für eine Frage ist immer Zeit. Und du – bitte – vertraue mir.

LIEBE LESERIN UND LIEBER LESER! Die beiden vermeintlichen Kontrahenten und gleichzeitig doch geübten Zusammenspieler haben den steilen Pfad gewählt. Sie ließen sich Zeit und haben sich immer wieder umgeschaut. Vroint, um die Umgebung zu begutachten. Er hat das wirklich sehr dezent gemacht! Und Härzel, um die Umgebung zu bewundern und zu bestaunen. Dabei hat sie immer mal wieder frei und fröhlich einen Jauchzer losgeschickt. Inzwischen wurde es hell und sie erreichten ein weites Bergplateau. Von da aus zeigte sich ein prachtvoller Sonnenaufgang. Sogar Vroint musste zugeben, dass sich der Aufwand (so seine Worte) gelohnt hat.

Was, wenn wir dem Herz erlauben, uns weit über alle Grenzen hinaus zu tragen?
Was alles könnten wir dann sehen?
Die Sehnsucht ist im Herzen.

ROSEMARIE SIMMENDINGER-KATAI hat immer schon vieles gleichzeitig gemacht und sich nie darüber gewundert. Über die Frage einiger Arbeitskollegen, schon Jahre vor ihrer Pension, war sie allerdings erstaunt: „Wie lang musst du noch (arbeiten)?" Sie glaubt, dass jeder seine traurigen Ansichten ändern kann und hilft gerne dabei.

IHR GESCHENK *an dich ist das E-Book "Erwecke dein Augenbewusstsein": https://www.augen-klar.de/media/ Augenklar-eBook.pdf*

HANDLUNGEN

VON EINEM HEUTE UND MORGEN OHNE SORGEN

Eine Perlenkette voller Glücksmomente

von Marlis Anna Krieger

STELL DIR VOR, dass sich die Glücksmomente im Alltag wie eine Perlenkette aneinanderreihen. Wie soll das denn gehen, denkst du. Ich kann doch nicht den ganzen Tag glücklich sein.

Das stimmt, aber es ist bewiesen, dass du das anziehst, worauf du deine Aufmerksamkeit richtest.

Okay, sagst du, das ist ja nichts Neues. Die Frage ist nur, wie kann ich es erreichen?

Bei fast 60.000-80.000 Gedanken am Tag.

Es ist lustig, wir können nicht nichts denken. Dazu kommt, meistens fühlen wir auch noch etwas. Es lugt immer ein Gefühl um die Ecke.

UND DANN läuft auch schon ein ganzer Film in uns ab.

Plötzlich sind wir im Geiste in einem nicht ganz so tollen Zwiegespräch mit unserem Partner und denken, ist ja mal wieder typisch, wenn ich nach Hause komme hat er/sie wieder vergessen die Eier zu kaufen und ich kann noch einmal los und die blöden Eier besorgen.

Genauso sind wir dann schon gelaunt, wenn wir die Wohnungstür aufschließen. Eigentlich ist unser Partner gut gelaunt, denn sein Chef hat ihm heute eine Gehaltserhöhung gegeben. Er lächelt versonnen vor sich hin und wir reißen die Tür auf, schon leicht in Wut, weil wir denken, er hat die Eier wieder vergessen.

Wir schleudern quasi unserem Partner eine dunkle Energiewolke zu.

Er bekommt sie voll ab. Denn unsere erste Sprache ist die Sprache der Energie.

Wenn unsere Mutter am Bettchen stand und uns anlächelte, wussten wir genau zu unterscheiden ob sie gut drauf ist oder uns anlächelt, aber in Wirklichkeit Sorgen hat.

Diese Sprache verstanden wir schon als Baby. Auch heute verstehen wir sie noch. Es muss dir nur wieder bewusst werden.

Zurück zu unserem Partner und der schwarzen Wolke. Unsere dunkle Wolke trifft ihn mitten in den Solarplexus. Ups, ihm wird ein wenig mulmig und seine Laune sinkt etwas.

Aber du bekommst es auch mit, seine gute Laune dringt ein wenig zu dir durch.

Jetzt vermischen sich die Stimmungen, gute trifft auf schlechte Laune. Es wird etwas ausgeglichen. In unserem Energiesystem können wir es genau spüren. Es wird noch besser,

er schaut dich an und lächelt in deine schwarze Wolke hinein. Da passiert auf energetischer Ebene etwas, deine Wolke beginnt sich aufzulösen. Seine gute Laune springt in Teilen auf dich über, in deinem Körper wird es nun ganz leicht. Es stellt sich heraus, er hat an die Eier gedacht. Deine Gedanken, dein Kopfkino haben dich aufs Eis geführt.

Wir sind Sender und Empfänger zugleich, wie du an dem Beispiel gesehen hast.

Wenn du gedanklich ganz starke Emotionen aussendest, bist du wie ein Leuchtturm, der gesehen wird. Durch dein Aussenden deiner starken Gedanken und Gefühle kann von anderen nur wenig zu dir vordringen.

Stell dir doch einmal einen Leuchtturm bei Nacht vor. Er steht auf einer Klippe am Meer und sein Licht strahlt in die Weiten des

Meeres. Am Horizont sieht man nur kleine Lichter von vorbeifahrenden Schiffen. Manchmal auch größere Schiffe, die sind dann besser zu sehen, aber am hellsten und weitesten leuchtet der Leuchtturm. In der Ferne kannst du einen anderen Leuchtturm strahlen sehen. So ein Leuchtturm steht fest und ruht in sich.

So ist es auch bei dir. Wenn du genau weißt, was du möchtest, und dich zum Beispiel auf etwas freust, dann strahlst und leuchtest du für dich und deine Umgebung. Du machst dir deine Welt, wie sie dir gefällt. Denn alles ist Schwingung.

Die Frage ist nun, wie erreichst du, dass du strahlst und nicht mehr so sehr von den Gefühlen und Gedanken deiner Mitmenschen beeinflusst wirst? Oder nur dann, wenn du deinen Empfänger darauf einstellst?

Hier sind einige Tipps, wie du in gute Schwingung kommst. Probiere es einfach einmal aus, denn Probieren geht über Studieren!

Tipp 1: Dankbar sein. Auch für die Selbstverständlichkeiten des Lebens.

Morgenübung, kann schon im Bett gemacht werden.

Du liegst noch im kuscheligen Bett und denkst, oder noch besser, sagst dir leise:

„Ich bin so glücklich und dankbar für mein Kopfkissen.

Ich bin so glücklich und dankbar für meine Bettdecke.

ich bin so glücklich und dankbar für meinen Wecker.

Ich bin glücklich und dankbar für meinen Partner."

Du solltest es auch fühlen. Geh einmal in das Gefühl hinein und spüre dein Kopfkissen auf deiner Haut, wie weich es ist, wie gut es riecht. Kannst du Freude dafür empfinden, wie toll es für das Kopfkissen ist, dir die ganze Nacht gut zu dienen? Hast du ihm je dafür gedankt? Oder für deine Bettdecke: die ganze Nacht hält sie dich warm und wohlig behütet. Spürst du die Freude in dir aufsteigen? Sage jetzt nochmal den Satz: „Ich bin so glücklich und dankbar für mein Kopfkissen." Merkst Du den Unterschied?

Es geht nicht um die großen Dinge, sondern um die Wertschätzung der kleinen Dinge im Alltag.

Merkst du schon, wie du in die Dankbarkeit hineinkommst?

Im Bad kannst du dankbar sein für das Wasser, die Heizung, dein Duschgel...

Für den Kaffee, die Kaffeetasse. Kannst du es im Körper spüren, wie deine Zellen, die dir ja immer zuhören, in eine freudige Stimmung kommen? Selbst, wenn du es am Anfang noch nicht ganz so stark empfinden kannst, wird durch die Worte „ich bin so glücklich und dankbar für..." immer mehr das Gefühl der Dankbarkeit in deinem Körper erzeugt.

Glücklich und *dankbar* sind magische Worte, die in deinem Gehirn eine Wirkung haben: es werden Glückshormone produziert. Nach dem Motto, oh, mein*e Gehirnbesitzer*in ist glücklich und dankbar, dann muss ich es auch sein.

Tipp 2: Ohne Grund lächeln.

Im ersten Augenblick sieht es ein wenig blöd aus, einfach nur zu grinsen, ganz grundlos. Aber wenn du die Mundwinkel ganz nach oben schiebst, drücken sie auf einen Nerv und dieser gibt die Information an das Gehirn weiter: Gehirnbesitzer*in hat Freude! Also schüttet das Gehirn Hormone der Freude aus.

Im ganzen Körper fängt es an zu kribbeln und die Stimmung wird besser.

Um diese Stimmung noch zu stabilisieren, kann man sich auch ein inneres Bild zurechtlegen. Dies machst du am besten, wenn du in einer positiven Stimmung bist, indem du überlegst, welche Erinnerung (von einem Urlaub, von einem Naturerlebnis), oder welches Familienfest dir besondere Freude bereitet hat. Dann kannst du es in Notsituationen abrufen.

Das Lächeln solltest du für mindestens 60 Sekunden halten. Wenn du gerade in einer unpassenden Situation bist (Konferenz oder Meeting) kannst du auch kurz auf Toilette gehen und die Übung dort machen. In so einer Situation könntest du dir auch vorstellen, alle sitzen nackt am Tisch. Fang dann aber nicht hellauf zu lachen an…

Dies Übung hat noch einen Riesenvorteil: Durch das Lachen stärkst du auch dein Immunsystem enorm.

Die alten Chinesen wussten schon: „Jede Minute, die man lacht, verlängert das Leben um eine Stunde."

Tipp 3: Arme hoch!

Falls es einmal ganz schlimm ist, stelle dir vor, wie Sportler*innen beide Arme hoch in den Himmel reißen, wenn sie sich freuen: „Super, toll gemacht!"

Probiere es einmal aus: Strecke beide Arme in die Luft und sage zu dir selbst, super, toll gemacht!

Spüre, wie die Energie durch deinen Körper strömt. Dies ist eine sehr kraftvolle Übung. Alle Zellen werden mobilisiert.

Mache es gleich nochmal und sage dir dazu, am besten laut: „Ich bin ein Genie!"

Jetzt wirst du sagen, was, das kann ich doch nicht sagen, Eigenlob stinkt.

Dies ist ein Irrtum aus alter Vätersitte. Wenn du nicht selbst von dir überzeugt bist, dann kannst du es auch nicht ausstrahlen. Also lobe dich ruhig im Laufe des Tages immer wieder einmal selbst. Probiere es aus und du wirst sehen, wie die Menschen in deiner Umgebung dich anders wahrnehmen.

Was wäre denn, wenn du dir angewöhnst, dir einen Alarm im Handy zu stellen und dich alle zwei Stunden einmal zu loben? Einfach nur so zum Spaß, um damit zu spielen. Du wirst sehen, es zeigt Wirkung und hebt an trüben Tagen die Laune. Es bringt deine Zellen in Schwung und tut dir und deinem Immunsystem gut.

Strecke die Arme in die Luft wie *Wonder WOMAN*. Und sage ein paarmal: „Ja, super gemacht!" Auch, wenn du im Augenblick keinen besonderen Grund dafür hast.

Lege die Hände auf dein Herz und sage: „Ich bin ein Genie, Ich bin ein*e Gewinner*in."

Gehe in dieses Gefühl hinein: Ich bin spitze. Denn du bist spitze!

Lasse zu, dass das Gefühl sich im ganzen Körper ausbreitet: vom Herzen in deinen Brustkorb hinein, in deine Arme, in deine Beine. Spüre, wie dein Körper zu leuchten beginnt – wie ein Leuchtturm, für alle gut sichtbar.

Viel Freude damit!

MARLIS ANNA KRIEGER ist begeisterte Technikkünstlerin und begleitet die Menschen dabei, in ihre Kraft zu kommen. Dafür lehrt sie wirkungsvolle Übungen, die man leicht in den Alltag einbauen kann. Wenn sie nicht gerade positive Videos macht oder auf dem Tablet malt, versucht Kater Lucky sie mit auf Mäusejagd zu nehmen.

IHR GESCHENK an dich ist eine Übung fürs Glücklich- und Dankbarsein: https://bit.ly/3mXEcoL

Der Tanz mit dem Leben

von Doris Reifler

ERINNERE DICH … Als du das Licht dieser Welt erblickt hast, warst du einfach du selbst. Deine einzigen Bedürfnisse waren Wärme, Zuneigung, Nahrung und Aufmerksamkeit, zusammengefasst in einem Wort: Liebe.

Diese Liebe, die du seit jenem Zeitpunkt in dir trägst und die dir bis heute erhalten geblieben ist, ist auch weiterhin DER Bestandteil von allem. In manchen Situationen mag diese Kraft nicht spürbar sein, doch das Wissen, dass sie da ist, auch wenn sie nicht wahrnehmbar ist, tut gut. Ein inneres Bild für diese Liebe, vielleicht in Form eines Herzens, oder der Anblick eines Kleinkindes trägt diese Kraft in sich, dich damit zu verbinden. Dies geschieht ohne Anstrengung, indem du präsent damit bist.

Im Grunde suchen wir immer nach dieser Verbindung, und manche scheinen sie nie zu finden. Rastlos suchen sie Befriedigung in Ersatzhandlungen – eine Goldgrube für alle Verkäufer, die dies erkannt und uns zu diesem Konsumwahn erzogen haben, in dem wir heute als Gesellschaft angekommen sind. All diese kurzfristigen Kicks vermögen diese Sehnsucht nicht zu stillen, weil wir am falschen Ort suchen. Eigentlich wissen wir das, und doch scheinen wir in den Klauen dieser Marketingexperten gefangen zu sein.

Weißt du, dass dein Umfeld nur so weit Einfluss auf dein Leben hat, wie du es zulässt? Was meine ich damit? Wenn du dir selbst bewusst bist, deine Werte kennst und immer wieder versuchst, zu verstehen, wer du bist, und wenn du weißt, was du kannst und nicht kannst, bist du weniger steuerbar. Du bist wach und gut in dir verankert. Eigenschaften, die dich nicht so leicht manipulierbar machen. Es ist zudem erwiesen, dass dich die fünf Personen, mit denen du am meisten Zeit verbringst, ganz besonders prägen. Sei deshalb achtsam in der Wahl. Natürlich unterliegen Kinder und Jugendliche ihrem Umfeld, doch es stimmt mich hoffnungsvoll, wenn ich jene Kinder und Jugendlichen betrachte, die schon ganz woanders stehen als manch Erwachsener. Und ... solange wir glauben, dass etwas so ist, solange wird es so bleiben. Deshalb denke größer, frecher und freier! Du erschaffst in JEDEM EINZELNEN MOMENT dein Leben immer wieder neu, immer wieder aus dem Jetzt heraus. Warum nicht das bewusst erschaffen, wonach du dich sehnst? (-;

Wenn du in deinem Gestalten auch immer an die anderen (auch Natur und Tiere) denkst, kann aus deinen Wünschen nichts Schlechtes entstehen.

Vielleicht empfindet dein Verstand meine Aussage als etwas provokant, weil das Leben wirklich gemein zu dir war. Das achte ich und kann es auf der menschlichen Ebene verstehen. Es tut mir leid, wenn dich das Leben so sehr gefordert hat. Was ich dir einfach näherbringen möchte, ist, dass jedes Mal, wenn du dich über Erlebnisse ärgerst, davon erzählst, weinst usw., es dadurch nährst, also wie wenn du Öl ins Feuer gießt. Je mehr du dich damit beschäftigst, umso größer wird es. Je weniger du es beachtest, umso kleiner wird es. Dies ist jedoch nur möglich, wenn du den Schmerz darin tatsächlich gefühlt hast und er durch dieses Anerkennen hoffentlich in Frieden ist. Dies gilt für die ganz normalen Neurosen und Probleme. Es gibt jedoch tieferliegende Herausforderungen, die hier natürlich ausgeschlossen sind und eine therapeutische Begleitung erfordern. Ich glaube jedoch, dass im Grunde diese Gesetzmäßigkeiten wirken. Falls du aber mit deiner Einstellung recht behalten möchtest, bin ich die Letzte, die dies infrage stellt. Dann soll es bleiben, wie es ist.

Es berührt mich immer wieder, wenn aus Menschen, die wirklich in unschönen Situationen aufgewachsen sind, beeindruckende Persönlichkeiten geworden sind. Vielleicht deshalb, weil sie den „Dreck" so intensiv erlebt haben und dadurch so gereift sind. Das gibt mir Mut, auch selbst immer wieder den Weg weiterzugehen, aufzustehen, wenn ich hingefallen bin, meine Krone zu richten und einfach weiterzumachen, denn geht nicht gibt's nicht! (-;

Vielleicht gibt es auch nicht DIE richtige Antwort auf diese Fragen, vielleicht aber schon. Ich besinne mich stets auf dieses Ursprüngliche, das in uns angelegt ist – die Liebe, die Lebenskraft, der Große Geist oder welcher Ausdruck für dich der richtige ist. Die Herausforderung besteht darin, mich immer wieder in diese Kraft hineinfallen zu lassen und zu vertrauen, dass sie mich auffängt. Diese Einfachheit und das damit einhergehende Nichtwissen scheinen für viele komplex zu sein. Kann darin das ganze Geheimnis liegen, weil es näher als nah und einfacher als einfach ist?

Dazu habe ich eine schöne Geschichte aus meinem Leben, als ich jünger war. Während einer Visionssuche in den Schweizer Südalpen verbrachte ich vier Tage und Nächte alleine in der Bergwelt. Bepackt mit einer Blache, einem Kanister Wasser und noch ein paar wesentlichen Gegenständen, die mir hilfreich waren. Jede Nacht hatte ihre ganz eigene Herausforderung und Lektion für mich bereit, doch die letzte Nacht, die Visionsnacht, hatte es wirklich in sich. In meiner Vorstellung hätte sich mindestens ein Erzengel am Nachthimmel zeigen sollen, der mir endlich meine große Aufgabe übergibt, nach der ich damals schon des Längeren gesucht hatte. Natürlich kam es ganz anders, und meine kindliche Erwartung durfte ich in dieser Nacht hinter mir lassen. Die Nacht war lang, seeehr lang … Und ich durchlebte in dieser Dunkelheit sämtliche Gefühle wie gedachte Hingabe, Geduld, Euphorie, Gebet, Betteln, Wut, Traurigkeit, Sinnlosigkeit bis hin zur Ent-Täuschung, die mich zielgenau dort hinbrachte, wo mich das Leben haben wollte: zur echten Hingabe. Als sich die Nacht schon beinahe verabschiedete, verspürte ich plötzlich ein sehr feines Gefühl in mir, das ich fast übersehen hätte, wäre ich nicht achtsam gewesen. Ich wurde in mir so fein berührt von etwas, das gleichzeitig so tief war, wie ich es zuvor nicht kannte. Es war, als hätte ich ein wärmendes, friedliches Lichtlein mitten in meinem Körper. Mir war sofort klar, dass dieser feine Moment die Vision für mich war, die mir das Leben schenkte. Was für meinen Kopf schlicht und unspektakulär, ja fast enttäuschend war, war für mein Inneres eine solch erfüllende tiefe Berührung – wie ein Tanz der Lichter. Etwas Entscheidendes hatte sich verändert, das nicht in Worte gefasst und mit Nichts erklärt werden konnte. Diese Stille, dieses Feine, dieses beinahe Übersehbare war DER Schlüssel zur Erkenntnis. Auch heute noch vergesse ich teilweise in meinem Alltag schlichtweg diese Weisheit. Gut trage ich diese Erinnerung in mir, für die ich tief dankbar bin, und weiß, dass das Leben es immer gut mit mir und uns allen meint.

Wie viele Male suchen wir Bestätigung, Anerkennung, Auszeichnung, Publikum, die unser Innerstes erfüllen sollen? Wie viele Male suchen wir die Bühnen des Lebens, um das zu bekommen, was im Außen nicht gekauft werden kann? Wie viele Male sind wir enttäuscht, wenn das Leben selbst oder unser Umfeld nicht das macht, was wir uns wünschen, und wie viele Male sind wir über uns selbst enttäuscht, weil wir dieses oder jenes nicht erreicht haben, geschweige denn von all den „to Do's", die wir nicht geschafft haben. Dieser Erfolgs- und Selbstoptimierungswahn hat sich inzwischen auch in unserer Freizeit eingeschlichen, und nicht einmal mehr unsere Kinder kennen Freiräume. Dabei sind solche kostbaren Momente Sternstunden unseres Lebens und die kreativste Zeit überhaupt. Die großen Erfindungen geschehen, wenn wir nicht danach suchen. Unter der Dusche, in der Hängematte oder wo auch immer wir uns in Entspannung befinden.

Es liegt auf der Hand, dass wir uns mit unserem Höher, Schneller und Weiter in eine Sackgasse manövriert und den wahren Sinn des Lebens vergessen haben. Schön ist jedoch, dass wir beide, du und ich, uns nun hier begegnen und mit diesen Zeilen uns gemeinsam an diese Bedürfnisse erinnern. Die simple Ausrichtung, einfach glücklich zu sein, wie die Kinder, wenn ihre Grundbedürfnisse gedeckt sind, außer wir trichtern ihnen etwas anderes ein.

Nun frage ich dich: *Was „brauchst" du tatsächlich für ein erfülltes Leben?*

Prüfe gut, aus welcher Instanz deine Antwort kommt. Sei wach und ehrlich dir selbst gegenüber, denn du bist die/der Einzige, die/der sich am Ende des Lebens genau mit dieser Frage auseinandersetzen darf. Alles, was du hast, ist immer das Hier und Jetzt – nicht mehr und nicht weniger. Welche Antwort gibt dir dein Herz/deine Seele?

Lade deinen Geist ein, dich von deiner wahren Existenz führen zu lassen. Sei offen und unvoreingenommen und schreibe auf, was deine Hand schreiben möchte.

Eine kleine Frage habe ich hier an dieser Stelle an dich: Was denkst du: Weiß ein Fisch, was Wasser ist? Wohl kaum, da er umgeben ist davon. Erst wenn es ihm fehlt, stellt er sich wohl diese Frage. Genauso ist es mit der Liebe. Wir können zwar ohne sie leben, aber alles macht irgendwie wenig Sinn, ist anstrengend und freudlos. Ich erzähle dir dieses Beispiel wegen unserer Gewohnheiten, die wir uns in den letzten Jahren zugelegt haben. Unser exzessives Leben, unser unermesslicher Konsum und der damit einhergehende Ressourcenverschleiß werden uns als Gesellschaft aufs Trockene legen, wie den Fisch ohne Wasser. Es wäre intelligent, wenn wir uns bald den wesentlichen Fragen zuwenden und entsprechend handeln würden, jeder in seinem Umfeld. Systeme, Abläufe und alles zu hinterfragen und zusammen gute Lösungen zu suchen. Eine gesunde

Lebensgrundlage, sprich gutes Wasser, intakte Böden, intelligente Systeme usw., sind das, was wir brauchen. Ich bin kein Moralapostel, und doch bin ich erschüttert, seit wie vielen Jahren wir aufgeklärt werden und es doch nicht umsetzen. Diese unbequeme Wahrheit ist sicherlich nicht sexy, aber weil wir „on the Edge of Time" angekommen sind, ist es schon bedeutungsvoll. Ich wünsche uns, dass dies der Anfang einer guten Geschichte ist, die wir gemeinsam schreiben. Deshalb entführe ich dich nun in die Magie der Suffizienz, damit du mit einem Lächeln einschläfst.

GERNE ERZÄHLE ich dir vom getanzten Neuland, wie es existiert, wenn wir es für möglich halten:

Das Land ist neu, und doch ist alles darin enthalten, was an den Ursprung erinnert. Das Land ist unglaublich leer und doch so erfüllt. Es ist keine leere Leere, sondern eine erfüllte Leere. In diesem Neuland sind nicht nur alle Gegenstände, Häuser und Bauten das Schöne, sondern auch die Luft ist erfüllt von dieser Schönheit. Es herrscht eine ganz spezielle Stimmung, die in der Luft liegt. Das Klima ist freundlich und einladend und sehr abwechslungsreich. Die Menschen sind heiter und unbekümmert. Sie arbeiten zusammen, kreieren geniale Technologien, die immer – und die Betonung liegt auf immer – dem Wohle aller Beachtung schenken und so entwickelt werden. Die Kinder lernen voller Freude und Wissensdurst, und ihre Intelligenz ist beeindruckend, weil sie das wahre Leben schon früh verstanden haben. Die Menschen sorgen ganz natürlich füreinander und haben Systeme entwickelt, die dem unterliegen. Sie tanzen, musizieren, malen und singen und leben diese Tätigkeiten mit höchster Priorität. Sie leben im Überfluss, weil jeder nur so viel braucht, wie er wirklich benötigt, und weil alle verstanden haben, wie die Gemeinschaft und der Respekt gegenüber allem ihnen wahre Freiheit und Wohlergehen schenken. Durch diese Art des Lebens haben alle immer genug, und es herrscht eine unglaubliche Gleichwürdigkeit unter den Menschen, die dieses Land bewohnen. Die Gegenstände sind von hoher Qualität. Die Natur und die Tiere haben den höchsten Stellenwert überhaupt, weil die Menschen wissen, dass dies ihre Lebensgrundlage ist. Ihr Motto lautet: „La pura vida & la vita e bella." Nach diesen Grundsätzen leben sie. Simpel, einfach und schön.

In diesem Sinne hoffe ich, dass ich deinen Geist mit auf diese Reise nehmen konnte, und ich lade dich ein, dieses getanzte Neuland in dein Leben zu lassen, denn dein wahres Selbst weiß am besten, was dir guttut. Niemand sonst kann dir das so genau sagen wie diese feine Stimme in dir.

EINE KLEINE, wirkungsvolle Übung für den Morgen und den Abend:
Kuschle dich nochmals so richtig wohlig in dein Bett. Vielleicht legst du deine Hand unter deine Wange oder an dein Herz. Beobachte deinen Atem, wie er durch den Körper strömt. Nimm wahr, wie alles zirkuliert, und sei einfach mit dir. Geh dann mit deiner Aufmerksamkeit in deinen Brustraum zum Herzen. Lass nun diese Herzenskraft sich in deinem ganzen Körper ausdehnen. Wenn es für dich stimmig ist, lass sich diese Energie weiter über deine Körpergrenze hinaus ausdehnen. Vielleicht sucht sie sich den Weg zu einem Menschen, einer Situation oder sonst einem Ziel, das diese Kraft benötigt. Sei einfach Zeuge und gib dich dem hin, solange es sich gut anfühlt. Reduziere diesen Strom dann wieder auf deinen Körper und lass das Außen gehen.

Wenn du merkst, dass dir das guttut, mach diese Übung auch am Abend. Vielleicht gibt es Situationen aus dem Alltag, für die du eine Entspannung oder Lösung suchst. Lass diese Kraft einfach aus deinem Herzen fließen (Achtung: nicht aus dem Kopf! Wir „denken" uns manchmal die Liebe, aber die ist wirklich in unserem Brustraum beheimatet und nicht weiter oben. (-;). Es kann jedoch ein Weg sein, via Kopf ins Fühlen zu kommen. Vielleicht fällt es dir leichter, wenn du dir einen Lift vorstellst, der im Kopf startet und nach unten bis zum Brustkorb fährt. Sei kreativ und erfinderisch. Obwohl wir alle Menschen derselben Gattung sind, ist es für jeden anders. Es gibt nicht DIE Lehre, DU BIST DIE LEHRE, erinnere dich daran. Deine Außenwelt kann dich inspirieren, aber du allein entscheidest und kreierst dein Leben und weißt, was gut und richtig für dich ist. Die anderen können wertvolle Wegbegleiter sein.

Am Morgen kannst du diesen „Lichtstrahl der Liebe" auch in deinen Tag schicken, wie ein guter Freund, der dir den Weg bahnt. Wenn du die Dankbarkeit für alles, was in deinem Leben ist, noch dazugibst, hast du alles, was du für einen guten Tag brauchst. Dankbar für das saubere Wasser, das einfach aus deinem Hahn fließt und mit dem du dich waschen kannst, das Bett, in das du dich legen kannst, den Tee- und den Tassenbauer, der dir diesen Genuss ermöglicht.

In diesem Sinne wünsche ich mir, dass sich unser aller Leben so verbinden mag, damit das getanzte Neuland sich formen kann.

DORIS REIFLER ist eine Suchende nach ihrer eigenen Wahrheit und nach der Weisheit des Lebens. Sie ist jedoch auch eine Findende, die immer wieder Freude daran hat, wenn sie Perlen dieser Art in ihrem Alltag entdeckt. Sie ist in der Mitte ihres Lebens angekommen und begleitet liebend gerne Menschen & Systeme bei ihrer Verwandlung. Tanz, Klang & Stimme sind ihre wertvollen Kommunikationsmittel. Wenn sie wirkt, gleicht sie einem stillen Feuerwerk ...

IHR GESCHENK an dich ist eine wirkungsvolle Meditation für den Morgen und den Abend: https://bit.ly/3y5QSz1

Was, wenn deine Träume wahr würden?

von Astrid Best-Botthof

„ICH BIN eine Prinzessin und lebe in einem großen, schönen Schloss. Ich reite mit meinem Pferd aus, das heißt Blacky. Blackys Fell ist weich und glatt. Wir reiten über eine schöne grüne Wiese, auf der viele Blumen blühen, bis zum See, wo ich dann im frischen, klaren Wasser schwimme ..."

Kannst du dir Blacky, die grüne Wiese, das Schloss und die Prinzessin vorstellen? Kannst du das weiche, glatte Fell spüren und das klare Wasser?

Kannst du dich erinnern, wie du als Kind geträumt hast, in deinen Spielen mit Freunden und Freundinnen, mit deinen Spielzeugen? Als Kind bist du sofort eingetaucht. Du konntest genau fühlen, wie es ist, deinen Traum zu leben. Denn genau dazu lade ich dich ein. Nimm das Gefühl wahr, das zu deinen Träumen, Gedanken und Vorstellungen gehört. Dein Gefühl bringt dich in eine ganz andere Schwingung, aus der heraus du anders handeln und deine Ziele erreichen kannst. Unsere Träume und Ziele nur einmal gedacht zu haben, das reicht nicht aus. Die Freude, schon zu spüren, wie es sich anfühlt, das Ziel erreicht zu haben, dieses starke Verlangen wahrzunehmen, alles dafür zu tun, diesen Traum zu leben, das ist unser innerer Antrieb, um in die Handlung zu kommen.

Ich weiß, es fällt dir nicht immer leicht, dich mehr der sonnigen Seite des Lebens zuzuwenden. Doch ich lasse nicht nach, dir Mut zu machen, damit du dich für die Sonnenseite entscheidest! Niemand anderes kann es für dich tun, nur du selbst. So schwer dein Schicksalsschlag auch ist, so groß dein Schmerz, es kann für dich zum Segen werden, dein erfülltes Leben zu leben und zu spüren, dass du die wahre, pure Liebe bist!

Du musst mir ja gar nicht glauben, wie befreiend es ist, durch tief empfundene Dankbarkeit unendliche Liebe zu fühlen. Du kannst es selbst wahrnehmen, wenn du dich hineinbegibst in das Gefühl der Dankbarkeit, dieses riesengroße Geschenk!

Ich lade dich ein, dir für einen Moment eine Situation vorzustellen, wo du Schmerz, Traurigkeit, Verlust ganz stark gespürt hast. Nimm dieses Gefühl von damals für einen Moment wahr – ohne es zu bewerten. Einfach nur wahrnehmen, es ist ein Gefühl, dein Gefühl. Und vielleicht kommen Tränen oder dein Herz schlägt aufgeregt – nimm das Gefühl an, bewerte es nicht!

Und dann lass deine Vorstellung wandern, hin zu einer wunderschönen Situation, die du erinnerst. Nimm auch hier das Gefühl wahr, spüre es ganz deutlich in dir. Wie genau fühlt es sich an? Wo im Körper fühlst du es am meisten? Wie war dieser Moment?

Nimm die Erfüllung wahr, verstärke sie für dich! Sieh dich um in deiner Erinnerung. Was siehst du, was dieses erfüllende Gefühl noch verstärken kann? Tauche tief ein in dieses erfüllende Gefühl. Spüre, wie es sich ausbreitet in dir, bis in jede Zelle deines Körpers.

Stell dir vor, dieses erfüllende Gefühl hat eine Farbe. Welche Farbe wäre das? Nimm wahr, welche Farbe genau jetzt für dieses wunderschöne Gefühl in deinem Herzen steht! Und nimm wahr, wie sie sich in dir ausbreitet!

Fühle es, bevor du weiterliest! Tauche ganz ein in das Gefühl, das dich sofort in eine wunderschöne, erfüllte Stimmung bringt.

. . .

WENN DU WAHRNEHMEN KANNST, dass dein ganzer Körper erfüllt und durchdrungen ist von dieser wundervollen Farbe, von diesem einzigartigen Gefühl, dann komme ganz langsam wieder zurück ins Hier und Jetzt, bewege Arme und Beine und atme tief ein und aus. Wenn es für dich der richtige Moment ist, öffne wieder deine Augen.

Du kannst dieses Gefühl in dir erschaffen, zu jeder Zeit. Das Gefühl, das dich in eine völlig andere Stimmung bringt als noch im Moment zuvor.

Du bist die Schöpferin deiner Gefühle. Die Schöpferin deiner Gedanken und schließlich die Schöpferin deiner neuen Realität. Das ist der Weg, ein Weg, den es zu gehen gilt, wenn du in deinem Leben etwas verändern willst.

Doch ohne los zu gehen, wirst du niemals am Ziel deiner Träume ankommen. Du wirst deine Träume nicht erfüllen können. Entscheide dich für den ersten Schritt und dann geh weiter. Der allererste Schritt ist deine Entscheidung! Die wesentlichen Dinge zeigen sich auf dem Weg. Wenn du unterwegs bist, wirst du erkennen, wann es eine Pause braucht, wo es eine Abzweigung zu gehen gilt. Und plötzlich hast du dein Ziel im Blick und spürst, es ist schon ganz nah. Oder du siehst es plötzlich vor dir – das Schloss deiner Träume. Und du darfst hinein gehen und die Freude genießen. Dein Glück wahrnehmen mit der Gewissheit: Ich habe es geschafft!

Wir tragen alles in uns. Ja wirklich, alles ist schon da, wenn wir bereit sind, es zu entdecken und uns erlauben, es anzunehmen.

Da ist sie, die Sache mit der Erlaubnis. So viele Menschen – und das erlebe ich vor allem bei Frauen – erlauben sich nicht das Leben, das sie sich wünschen. Sie erlauben sich nicht wirklich glücklich zu sein. Sie erlauben sich nicht WIEDER GLÜCKLICH zu sein, nach einem schweren Schicksalsschlag, der ihr Leben geprägt und verändert hat.

Das Ding mit dem Glück und dem Glücklichsein ist so eine Sache. Leider gibt es immer noch viele Menschen, die glauben, das Glück und das Glücklichsein hängt vom Außen ab. Und weil es im Außen in ihrem Leben nicht alles nur klasse und wunderbar ist, fühlen sie sich nicht glücklich.

Doch ich habe Menschen erlebt, deren Augen vor Glück strahlen, obwohl das Leben um sie herum annehmen lassen könnte, dass es keinen Grund für Glück gibt, oder zumindest nicht für diese Art von Glück, von der wir oft ausgehen. Wenn Menschen ihr Glück daran messen, wie und wo sie leben und was sie alles NICHT HABEN, dann bringt sie das schnell in das Gefühl, nicht glücklich zu sein. Der Maßstab ist also angelegt an die Umstände im Außen und sie glauben: das ist es, woran ihr Glücklichsein gemessen wird.

Ich habe etwas ganz anderes erleben dürfen. Menschen, aus deren Augen das pure Glück sprühte: Junge Mädchen und Frauen in Indien, die in einer Gemeinschaft von Gleichaltrigen lebten, um gemeinsam zur Schule zu gehen oder eine Ausbildung zu machen.

Die äußeren Umstände könnten meinen lassen, dass es nicht genug Grund gibt, um glücklich zu sein. Sie teilen sich mit sechs oder acht anderen Mädchen einen Raum zum Schlafen, sie haben keine Dusche, aus der immer warmes Wasser kommt. Sie haben nicht ganz selbstverständlich zu jeder Zeit Strom, Licht und Internet. Sie haben kein Handy, geschweige denn eines, mit dem sie Fotos machen und mit der ganzen Welt verbunden sein können. Sie leben auch nicht mit ihrer Familie zusammen oder sehen sie nur selten, weil das Dorf, in dem sie geboren wurden, oft lange Fußwege entfernt liegt und es keine Rikscha und erst recht kein Auto gibt, um sich mal schnell zu besuchen.

Sie besitzen die Kleidung, die sie tragen und weniges zum Wechseln, so dass sie mit Freude am Wochenende draußen an den steinernen Waschbecken stehen und ihre Wäsche waschen. Fast unvorstellbar für uns, die wir die Schränke voll haben und unsere Waschmaschinen und Trockner es uns leicht machen, alles jederzeit sauber zur Verfügung zu haben.

Unvorstellbar für uns, nicht einfach in allen Räumen das Licht anzuknipsen, so viel und so lange wir wollen. Nie Angst haben zu müssen, es könnte ja heute mal keinen Strom geben. Nein, es ist uns wirklich schwer vorstellbar, dass es einen Tag oder einige Stunden keine Elektrizität gibt, wenn wir nicht erlebt haben, wie es ist, wenn das Licht plötzlich ausgeht.

Entsteht Glück in einem Menschen, wenn er den Lichtschalter anknipst, kannst du dich jetzt fragen. Natürlich nicht. Doch zu erleben, was es für diese jungen Frauen bedeutete, an diesem Ort leben zu können, in der Gewissheit jeden Tag genug Nahrung zu haben und lernen zu dürfen, das hat mein Herz berührt.

Das Strahlen in den Augen dieser jungen Mädchen, die in ihrem Dorf vielleicht schon als 15- oder 16-Jährige verheiratet worden wären, weil die Eltern die Familie nur schwer versorgen können und verheiratete Frauen zur Familie des Mannes ziehen. Zu einem Mann, um mit ihm ihr Leben zu teilen, den sie vor der Hochzeit gar nicht kannten und schon gar nicht liebten. Es ist so unvorstellbar für uns, diese für uns so selbstverständliche Entscheidung nicht frei treffen zu können.

Es ist eine große Freiheit, die diese jungen Frauen erleben, wenn sie eine Ausbildung absolvieren können, die sie später einmal unabhängig von Mann und Familie sein lässt, um ihr eigenes Leben bestreiten zu können. Ob sie nun als Krankenschwester arbeiten oder ob sie mit einer eigenen Nähmaschine geschickt Dinge entstehen lassen, die sie verkaufen. Sie haben eine Wahl, weil sie dort, wo sie jetzt leben, unterstützt, begleitet und ermutigt werden, für sich selbst einzustehen und ihren Weg zu gehen.

Das Glück, das aus ihren Augen strahlt, kommt voller Dankbarkeit tief aus ihren Herzen, weil sie wissen, wie anders es sein könnte und ihre Freude groß ist, diese Möglichkeit zu haben. Das Glück dieser strahlenden Augen lässt mich manchmal nur ahnen, aus welcher Herzenstiefe es kommt.

Und du kannst es auch, das Glück erleben. Schließe deine Augen und beginne zu träumen. Träume groß, denn das ist der erste Schritt, um Träume zur Erfüllung zu bringen. Wenn es dir noch schwerfällt, dann beginne mit einer kleinen Übung. Nimm dir ein Blatt Papier und schreibe mindestens 30 Dinge auf, die dir schon gelungen sind, die du erreicht hast in deinem Leben. Blicke durch die Brille der Freude, Dankbarkeit und Anerkennung auf das, was du geschafft hast! Mit dem Fokus auf deine Erfolge wirst du ein ganz anderes Gefühl in dir erleben.

Ich will dir Mut machen, die Begrenzungen in deinem Kopf und deinen Gedanken aufzulösen und die Großartigkeit in dir zu sehen. Veränderung beginnt in uns, in unseren Gedanken! Sei mutig! Geh den ersten Schritt! Triff eine Entscheidung und beginne zu träumen! Folge den Impulsen deines Herzens und vertraue deiner Intuition!

Es ist so viel mehr möglich, als du im Moment vielleicht noch glaubst!

Was wärst du gerne? Was steht auf deiner Wunschliste, falls du schon eine hast? Wenn nicht, dann schreibe eine!

Was willst du gerne erleben? Was, wenn du ein Künstler oder eine Künstlerin wärst? Würdest du auf dem Seil tanzen wollen, als Artist oder Artistin unterm Zirkuszelt? Oder als Bildhauer oder Bildhauerin eine Statue erschaffen, die deine Ururenkel noch bewundern können? Was würdest du erforschen wollen? Hat dich schon von Kind an einer Frage oder Sache begeistert? Was erfüllt dein Herz, wenn du nur daran denkst? Wärst du gerne Sänger oder Sängerin? Was würdest du singen wollen, wo willst du gerne auf der Bühne stehen? Würdest du gerne Tango tanzen? In einem Ballett oder in einem Musical dabei sein? Welche Länder willst du gerne bereisen, welche faszinierenden Orte erleben?

Willst du auch dein Buch schreiben? Worüber würdest du schreiben wollen? Oder willst du gerne etwas Neues lernen, eine Ausbildung machen oder ein Studium beginnen? Würdest du gerne mal im Fernsehen auftreten oder einen Tandemsprung wagen? Was sind die Dinge, die dein Herz hüpfen lassen, doch dein Kopf ruft sofort: Wie soll das für mich möglich sein?

Was würdest du am liebsten machen, wenn Zeit und Geld keine

Rolle spielten? Und welche Fragen gibt es, die du dir noch nie gestellt hast? Wer wärst du, wenn du einfach mal anfängst zu träumen?

ASTRID BEST-BOTTHOF inspiriert mit großer Freude Menschen, groß zu träumen und ihre Träume wahr werden zu lassen. Sie ist aus Leidenschaft Coach, Autorin und begeisterte Künstlerin, die mit Stift und Pinsel ihre Trauer geheilt hat. Ihre Vision ist es, Tausenden verwitweten Frauen wieder Glück und Lebensfreude zu schenken. Sie trägt die Dankbarkeit als riesiges Geschenk in ihrem Herzen.

IHR GESCHENK für dich sind 12 magische Fragen, um deine Träume in die Realität zu bringen: https://bit.ly/35FVQpl

Was „Thailändischer SchweineOhrenSalat" mit Erfolg, Freude, Freiheit und deinen Möglichkeiten im Leben zu tun hat?

von Jutta Hübel

Sieben Dinge, die ich selbst gern früher über mich und das Leben erfahren hätte

DAS, was mir weder meine Eltern noch die Schule beigebracht hat.

Jutta, du bist einzigartig. Dich und deinen Lebensverlauf gibt es nur einmal auf dieser Erde. Du bist richtig – genau so, wie du jetzt bist. Finde heraus, was dir Freude macht. Probiere alles aus, um das zu finden, was es noch alles sein könnte. Vertrau dir! Schenk dich mit deiner Einzigartigkeit der Welt! Zeig dich!

Alle Eltern geben ihr Bestes, nämlich genau das, was sie im Leben erfahren haben. Das heißt aber nicht, dass es auch das Beste für dich war. Es gibt viel mehr für dich zu entdecken, das, was dir gefällt, was zu dir passt, was dich begeistert, was dich strahlen lässt, was dir das Gefühl gibt, wertvoll zu sein.

Für dieses „Was richtig oder falsch, wertvoll oder wertlos, lecker oder eklig IST??? Und wer oder was das bestimmt" kommt hier meine Geschichte mit „lecker SchweineOhrenSalat".

Vor etwa zehn Jahren habe ich einen internationalen Frauentreff geleitet. Wir kamen aus ganz verschiedenen Ländern und waren bei manchen Treffen eine bunte Mischung aus bis zu zwölf Nationen. Du fragst dich vielleicht: „Wie klappte das mit den Sprachen?"

Mit Händen und Füßen, mit Multikulti-Sprachtalenten, die übersetzt haben – und über das Essen. Richtig, unsere einfachste und leckerste Verbindung passierte über ein immer wieder für Überraschungen sorgendes, extrem leckeres Multikulti-Büffet.

Außer eben der thailändische SchweineOhrenSalat. Ein kalter Klumpen aus undefinierbaren Streifen, die auch als Würmer durchgegangen wären ... Geruch ... Iiiiihhhh ... STOP!!!

GENAU ... STOP!!! NUR UNGENIESSBAR FÜR DICH, WENN DU NICHT IN ASIEN GEBOREN BIST. WENN DU ES NICHT GEWOHNT BIST, ALLES VOM TIER, ALLE INSEKTEN, EBEN ALLES, WAS SICH FORTBEWEGEN KANN, ZU ESSEN.

Bääääähhhm ... That's it ... Deine Lebensformel – SchweineOhrenSalat!!!

SOS steht für alles, was du kennst oder eben nicht. Was du liebst oder eben nicht. Was dir vertraut ist oder Angst macht ...usw.

SOS steht für jede Menge Chancen und Möglichkeiten in deinem Leben und gleichzeitig für all deine Begrenzungen. Bis jetzt!

Oder SOS = Save Our Souls

Das heißt, alles, was du kennst, ist dir vertraut und fühlt sich somit richtig und sicher für dich an. In Thailand ist daher SchweineOhrenSalat etwas ganz Normales. Für mich aus Deutschland neu, ungewohnt, nicht genießbar ... Ich habe ein kleines Stückchen probiert. Reeespekt!!!

UND JETZT DU, was ist DEIN WARUM du dieses Buch gekauft hast???

Was möchtest du Neues entdecken? Was möchtest du verändern? Was möchtest du gern erreichen? Was passiert dir immer wieder im

Leben, und du fragst dich, warum? Was würdest du gern fühlen können? Wer oder was würdest du gern sein? Was möchtest du wissen? Für was hättest du gern Erklärungen? Welche Begrenzungen möchtest du gern sprengen?

WAS IST DEIN WARUM? KÖNNTE ES SEHNSUCHT SEIN? SEHNSUCHT nach …

WEITER GEHT'S …

WIR SIND Teil eines Universums und dürfen auf dieser Erde leben! Warum sage ich das?

Ich habe als Teenager an nichts mehr geglaubt. Habe mich aber schon als ganz kleines Kind gefragt, wo denn der Himmel aufhört und was danach und danach und danach kommt.

Und heute weiß ich, dass wir logischerweise mit allem verbunden sind und ich logischerweise Teil dieses Universums bin und du auch. Fakt!!!

Spür mal kurz, dass die Erdanziehungskraft dich Richtung Erde zieht und die Schwerelosigkeit dich Richtung Himmel zieht. Wie fühlt sich das an? Wie verbunden kannst du mit allem sein, wenn du es dir bewusst machst?!?

Wie fühlt sich das JETZT für dich an? Teil von etwas Größerem zu sein und dich mit dieser Energie zu verbinden?

DU HAST EINEN KÖRPER!

Jappadappaduuuuuu!!! Und der ist großartig, er funktioniert einfach. Ein Wunderwerk!!! Er kommt auf diese Erde wann, wie und wo er will. Er wird wieder gehen, natürlicherweise dann, wann er will. Er ist dein Fahrzeug durch dein Leben.

Geh gut mit ihm um! Es gibt schon diverse Ersatzteile, dennoch nicht für alles. Liebe ihn, so doll du kannst, er reagiert darauf! Denn irgendwann kommt der Tag des Abschieds und er wird perfekt recycelt dem Kreislauf Leben zurückgegeben. Nutze deine begrenzte Zeit mit ihm bestmöglich! <3 <3 <3

DU ATMEST!

Ja! Atme doch mal nicht .... Siehst du, klappt nur bedingt. Wie genial, denn du kannst bestimmen, wie du atmest! Und du kannst deinen Atem beobachten. Du kannst bewusst atmen. Deinen Atem in bestimmte Körperteile schicken oder sogar über die Füße einatmen, über den Kopf hinaus und wieder zurück in die Erde. Spiel doch mal damit und schau, was sich verändert.

Mit ihm kannst du jede Menge regulieren. Vor allem, wenn du dich schnell aufregst oder Angst und Panik kennst. In Re-Aktion bist.

Dann atme langsam bewusst ein und aus und erfahre somit die heilende Kraft deines Atems!!!

DU HAST GEDANKEN!

Ja! Denk doch mal nicht .... Upps, da kommt er wieder ... ein Gedanke. Genau, es ist nur ein Gedanke. Du kannst deine Gedanken beobachten. Du kannst sie infrage stellen. Du kannst neu denken und schauen, ob dir das besser gefällt!

Du kannst erkennen, dass Gedanken Gefühle erzeugen. Denk doch mal an etwas Wunderschönes ... Whooooow!!! Was für ein Gefühl!

Du kannst erkennen, dass Gedanken Körperreaktionen hervorrufen. Denk doch mal an etwas Ungerechtes .... Bääähm!!! Schon nimmt dein Körper eine Haltung ein.

Und, siehe SOS: Üblicherweise denkst du unbewusst das, was dein Umfeld so seit deiner Geburt gedacht, gefühlt, gesprochen und getan hat. Das, was du bis jetzt kennengelernt hast auf all deinen Stationen des Lebens.

Das heißt logischerweise, es sind alles NICHT deine Gedanken! Sie sind ungefiltert auf deiner kindlichen Festplatte gelandet. Und du darfst jetzt fröhlich nach Lust und Laune rausschmeißen, was dir nicht mehr gefällt oder guttut. Ist das mal 'ne Ansage!?!

DU HAST eine Seele

Was diese Seele genau ist, da gibt es die verschiedensten Erklärungen.

Ich weiß nur, dass ich Teil dieses Universums bin. Dass es in mir Gedanken und Gefühle gibt, die nicht sichtbar und dennoch vorhanden sind.

Seit ich diese Verbundenheit mit all dem entdeckt habe … tut mir das gut!

KÜMMERE dich um deine Angelegenheiten

Oder anders gesagt: „Kehr vor deiner eigenen Haustür!" Dann hast du viel weniger Probleme. Alles, was andere betrifft, liegt nicht in deiner Macht und erzeugt eventuell Ohnmachtsgefühle in dir. Das zu erkennen und bewusst zu leben, hat mir jede Menge FREIRAUM geschenkt.

Dazu passt: „Gib mir die Gelassenheit, Dinge hinzunehmen, die ich nicht ändern kann, den Mut, die Dinge zu ändern, die ich ändern kann, und die Weisheit, das eine von dem anderen zu unterscheiden!"

ZURÜCK ZUM SCHWEINEOHRENSALAT

Du wirst geboren, auf einem Kontinent, in einem Land, in einer Stadt oder in einem Dorf, in eine Familie oder auch nicht … Und alles aus deinem Umfeld wird ungefiltert auf „deine noch leere Festplatte" als Säugling, Kleinkind und Kind gespielt. Das ist dann erst einmal das, was du glaubst, wie das Leben so ist. Was möglich ist oder nicht. Wer du bist oder nicht bist ... Das, wie über dich gesprochen wurde, ist erst einmal deine Realität.

Du bist willkommen oder nicht ... Du kommst natürlich auf die Welt oder mit Unterstützung ... Du wirst in ein reiches oder ein armes Umfeld geboren ... Du wirst in ein liebevolles oder eher kühles Umfeld geboren ... Du wirst gefördert, gefordert oder bevormundet ... usw.

Das ist dein ganz persönlicher Start in dieses Leben. Du bist als Säugling absolut abhängig von den Personen, die dich beim Heranwachsen begleiten. Du kannst erst einmal <u>nur</u> von ihnen lernen. Du hast in dieser Zeit noch <u>keine Möglichkeit</u> zu filtern.

- STOP...

Ab hier hast du eine Idee davon bekommen, wer du BIS JETZT bist und welche Ursachen dazu geführt haben, dass du so bist, wie du bist.

Zum Beispiel bist du in Asien aufgewachsen und liebst diese Küche, eventuell auch SchweineOhrenSalat, oder du bist in Deutschland aufgewachsen und ekelst dich vor diesem unbekannten und ungewohnten Gericht. Kann der Salat irgendetwas dafür, ob du ihn magst oder nicht??? Definitiv NEIN!!!

Genauso wenig hast du irgendetwas damit zu tun, ob jemand dich mag oder nicht. Uppps!?! Andere Personen projizieren IMMER nur IHRE ERFAHRUNGEN auf dich.

Die gute Nachricht ist, mit diesem Bewusstsein kannst DU IMMER NEU WÄHLEN!!!

- RICHTIG ...

Du hast Wahlmöglichkeiten. Du kannst dich auf deine ganz persönliche Entdeckungsreise begeben.

Ganz persönlich heißt: Finde heraus, was für dich stimmig ist. Es gibt niemanden außer dir, der weiß, was für dich das Beste ist.

Diese Reise macht manchmal ganz viel Spaß, und manchmal ist sie extrem holprig und führt in so manche Sackgasse.

Lass dich dann nicht entmutigen ... meine Meinung. Der Weg in DEIN EINZIGartiges LEBEN lohnt sich ... immer!!!

WAS, wenn du aus der Reihe fällst???

Wenn du „Spezialeffekte" hast, die dich besonders, außergewöhnlich oder auch falsch und einsam fühlen lassen.

Dann, wenn du es eben nicht wie x, y und z machen kannst. Du nicht wie die Masse tickst. Du das bunte Schaf bist, das auffällig war und ist ... Dann bist du extrem richtig!!!

Dann hast du vielleicht nur besondere und prägende Erfahrungen gemacht oder bist einfach nur im „falschen Umfeld".

Stell dir mal einen Wurf junger Hunde vor. Da gibt es den Rabauken, die Schmusige, den Kläffer und den Welpen, der einfach von Anfang an kränklich ist und besondere Förderung braucht.

Wenn das Menschen wären, wie sähe wohl dann ihr Lebenslauf aus?

Richtig! Ganz unterschiedlich, je nachdem, wo und bei wem dieser einzelne Welpe aufgewachsen ist und welche positiven oder negativen Erfahrungen ihn geprägt haben.

Würdest du die Schmusige als Wachhund ausbilden? Oder den Rabauken in eine Familie vermitteln, wo es ruhig zugehen soll? Nein!!!

Können diese einzigartigen, verschiedenen Hunde alle das Gleiche, auf die gleiche Art und Weise lernen? Nein!!! Oder bräuchten da einige Spezialunterricht? Sí, claro!!!

Und ... wird gerade bei Hunden geschaut, was sie ganz natürlicherweise mitbringen??? Um sie als Wach- oder Begleithund auszubilden??? Ja!!!

Ein großer Wunsch von mir ist: raus aus dem Vergleichen, dem Gleichmachen-Wollen ... rein in die Einzigartigkeit ... rein in deine ganz persönliche Art und Weise ... rein in dieses Verständnis von Möglichkeiten und auch von ganz natürlichen Begrenzungen.

DARUM ... Du bist okay, so wie du bist!!!

Ich dachte ganz lange, dass irgendetwas falsch mit mir ist. Bis ich lernen durfte, was besonders an mir ist. Was mich einzigartig macht.

Diese Entwicklungsreise ist mein Lieblingsabenteuer – genannt LEBEN.

Heute darf ich Menschen begleiten, die gerade „auf dem Schlauch stehen", „den Wald vor lauter Bäumen nicht mehr sehen" oder wo einfach nichts mehr geht.

Oder Menschen, die alles haben, erfolgreich sind und sich dennoch leer und einsam fühlen.

Da spielt weder das Alter noch die Herkunft eine Rolle. Ich liebe Menschen! Es gibt nur eine Voraussetzung für eine erfolgreiche Zusammenarbeit ... SYMPATHIE auf beiden Seiten und Lust auf DAS ABENTEUER LEBEN.

Mein Beitrag begann mit dem Wunsch, HERZLICH WILLKOMMEN zu sein, als jemand Einzigartiges. So geliebt und liebevoll begleitet zu werden. Das darfst auch du jetzt erleben.

Erst wenn du weißt, was du tust, kannst du tun, was du möchtest!

JUTTA HÜBEL ... die Mac Gyver unter den Coaches.
Freunde nennen es „penetrant". In Wahrheit lieben auch

sie es, dass sie niemals aufgibt, bis die geniale Lösung gefunden ist.

IHR GESCHENK an dich ist eine Audio-Meditation, bei der du HEUTE neu HERZLICH WILLKOMMEN geheißen wirst IN DIESEM LEBEN: https://bit.ly/3fEC1mS

Wenn du wüsstest ...

von Doris Wio

... WIE DEIN LEBEN in einigen Jahren aussieht ...

LIEBER WUNDERVOLLER MENSCH,
ich möchte dir einen Brief schreiben, der dir erzählt, wie dein Leben in drei Jahren aussieht.

Ich möchte dir von einem Menschen erzählen, der sich rundherum wohlfühlt, vertraut und nicht ständig an sich zweifelt. Ein Mensch, der seinen Wert kennt und nicht mehr allem und jedem hinterherjagt, um zu beweisen, dass er gut genug ist. Der sich selbst gut genug ist, um sich bei Müdigkeit auch mitten am Tag auszuruhen. Der sich selbst genug ist, um nicht ständig etwas tun zu müssen, sich Probleme schaffen und sie wieder lösen zu müssen, nur weil das in dieser Welt so wichtig scheint.

Ich weiß, dass du es heute noch kaum glauben kannst, eines Tages ohne diese entsetzliche Schwere zu leben und ohne das Gefühl, für alles kämpfen zu müssen. Den Tag nicht mehr nur zu überstehen und nur zu funktionieren, scheint dir noch unmöglich.

Doch ich kann dir sagen, dass es in drei Jahren so ist: Du bist in erster Linie für dich selbst verantwortlich, für dein Tun und dein Leben. Egal, ob auf körperlicher, geistiger, beruflicher, zwischenmenschlicher oder anderer Ebene, du achtest darauf, dass es dir gutgeht. Du sorgst mit Freude dafür, dass sich die Menschen in deinem Umfeld wohlfühlen. Du fühlst dich nicht mehr für alle Menschen verantwortlich und gibst denen, die es möchten und bei denen du es möchtest, deine Energie und Zeit. Dabei musst du nicht permanent alles dafür tun, damit du und andere möglichst schnell und gut ans nächste vermeintliche Ziel gelangen. Du vertraust darauf, dass das wahr wird, was man will, wenn es eine Herzensangelegenheit ist. Egal, welchen Bereich des Lebens diese betrifft.

So ist in dem Jetzt, von dem der Brief erzählt, jeden Tag aufs Neue deine Frage: „Was will ich heute? Wie will ich mich heute fühlen?"

Dabei geht es dir nicht um oberflächliche Dinge wie blindes Konsumieren oder Ähnliches, sondern darum, wie du dein großartigstes Selbst leben kannst, für dich und andere.

Versteh mich bitte nicht falsch: Du wirst nicht zu einem egozentrischen Ungeheuer, das nichts und niemanden neben sich gelten lässt! Du bist die Person, die ihren Willen im Einklang mit den anderen verwirklicht. Du bist nicht mehr die Person, die sich selbst zum Wohle der anderen hintenanstellt.

Wie das funktioniert? Nun, du schaust, was ansteht und wie du das Endergebnis gerne hättest. Dann beginnst du zu handeln. Die Freude gesellt sich meist von selbst dazu, du siehst die gelungene Endsituation ja schon vor Augen. Praktisch können das beispielsweise zufriedene Gesichter am Mittagstisch nach einer gekochten Mahlzeit sein oder eine fertig ausgefüllte Steuererklärung. Deine beruflichen oder privaten Tätigkeiten erfüllen dich mit Vertrauen und Erfüllung und nicht mehr mit Druck, es nicht zu schaffen und Zweifeln, es nicht richtig zu machen. Die Aufgaben sind nicht mehr so kräftezehrend, weil sich der Zeitpunkt und die Möglichkeiten, diesen Endzustand zu erreichen, von selbst auftun.

Nun mein lieber Mensch, du glaubst mir nicht?

Was, wenn ich dir sage, dass du zukünftig da, wo du jetzt noch deine Gedanken um ein Problem verengst, eine andere Perspektive einnimmst, die viel mehr Raum hat? Du siehst auch in diesen Situationen rasch die Möglichkeiten und überhaupt den Rest dieser wundervollen Welt. Du steigst nicht mehr in die Schlussfolgerung ein, dass ein Problem schwierig sein muss. Stattdessen siehst du die Veränderung, die ansteht, als Teil deines Lebens, der angeschaut werden will. Du wirst nicht mehr darin gefangen. Und selbst, wenn du dich gedanklich mit einer Sache beschäftigst, so entlarvst du immer mehr Glaubenssätze von dir und anderen, die alles so zäh, schwierig und praktisch unlösbar gemacht haben. Jetzt gehst du frohgemut weiter und bist dir bewusst, dass deine Gedanken deine Realität ausmachen. Deine Ansicht von einer Situation prägt deren Ausgang.

Das bedeutet nicht, dass dir nur Freude und Sonnenschein begegnen. Doch du weißt, dass Traurigkeit, Wut und dergleichen Etappen auf dem Weg zu dem sein können, was du willst. Denn was für dich zählt, ist das, wie du dich selbst fühlst, im Einverstanden-Sein mit dem Geschehen.

So sind Erlebnisse, die du in deinem jetzigen Ich als entsetzlich und schrecklich wahrnimmst, in drei Jahren mit Dankbarkeit erfüllt. Sie sind die Vorbereitung dafür und läuten die Veränderung praktisch ein.

Ich erzähle dir dies alles, damit du, ach so verzweifelter, kämpfender und erschöpfter Mensch erkennst, dass du wieder tief atmen kannst. Trau dich, hole tief Luft und lass die Energie durch deinen Körper fließen!

Das Leben aus dem Bedauern, was nicht geschehen oder gemacht ist, ist vorbei. Das Jetzt nimmt diesen Platz ein, mit dem was jetzt geschieht oder gemacht werden will. Du gibst deine Farben oder dein Gewürz mit hinein und bist Teil des Gesamtbildes oder des Menüs, das entsteht. Ohne Wertung, ohne Erwartung, (einfach) nur im Einklang.

In drei Jahren weißt du, dass du Geschehenes selbst nicht verändern kannst, aber sehr wohl deine Ansicht und dein Gefühl dazu. Wieviel anders ist das doch als dein endloses Kreisen um Ereignisse, die dir nicht gefallen! Frühere schmerzliche Gefühle können im Jetzt geheilt werden. Das geschieht fast automatisch und selbstverständlich in deinem Alltag.

Mein lieber Mensch, wenn du dich aus meiner heutigen, zukünftigen Sicht siehst, möchtest du dich selbst in den Arm nehmen, trösten und dir sagen: „Alles ist gut." Du spürst die Entspannung, die sich einstellt. Du kannst anerkennen, dass du dicke Steine auf deinem Weg bezwingst. Doch vor allem fühlst du dich beschenkt vom Leben. Es bringt dir das, was du dir so sehr gewünscht hast und dir bisher kaum möglich schien: Freude und Glück, Demut und Einverstanden-Sein, Liebe und Dankbarkeit. Die Freude und das Glück sind oft still und tief erfüllend.

Die Demut und das Einverstanden-Sein sehen Gegebenheiten, die nicht so schön sind, als Schritte auf dem Weg zum Ziel, das sich Menschen setzen. Dir ist inzwischen bewusst, dass wir in einer Welt der Dualität leben, in der hell nicht ohne dunkel sein kann. Du weißt jedoch sehr wohl, dass du selbst deinen Fokus setzt. Du kannst beispielsweise aufkommende Traurigkeit zulassen und dann auch loslassen. Es ist eine Wahl, es ist deine Wahl!

Daraus entsteht die Liebe zum Leben an sich mit all seinen Facetten. Dankbarkeit zeigt sich, die sehr wohl dein Unglücklichsein in der Vergangenheit kennt und sieht, wie es sich zum Glück wandelt. Du wählst es bewusst, weil du nicht im Zustand des Unglücklichseins bleiben willst. Es rüttelt dich wach. Das bringt Dankbarkeit und kein Bedauern.

Ach ja, noch etwas möchte ich dir mitteilen, was dir im Moment (wahrscheinlich) noch nicht klar ist: Du bist nie allein!

HEUTE, drei Jahre später, und auf dem Weg hierhin begegnen dir so viele großartige Menschen, die dir zuhören, die dir Impulse geben, die dich umarmen und halten, die dir zeigen, wie wertvoll du bist, die für dich da sind und dir das geben, was du gerade brauchst.

In dieser Dankbarkeit und diesem Vertrauen, dass du immer versorgt bist, wünsche ich dir eine gute Reise … zu dir selbst und allem, was ist.

———

DORIS WIO hat es nach jahrelanger Suche geschafft, Feinfühligkeit mit Leichtigkeit und Freude für sich unter einen Hut zu bringen. Das kommt ihr als Mutter, Partnerin, bei ihrer Tätigkeit in der Landwirtschaft und als Coach zugute. Wenn sie sich nicht gerade vorstellt, dass es allen Menschen gutgeht, liebt sie es, in die faszinierende Welt des Phönix einzutauchen.

IHR GESCHENK an dich ist eine 22-minütige Gratis-Session: https://bit.ly/2QwPAM8

VERWANDLUNGEN

VON RAUPEN, KURTISANEN UND SCHMETTERLINGEN

Lisas Metamorphose

von Beatrice Hofmann

ES GIBT EREIGNISSE IM LEBEN, die vergisst man nie. Da geschehen Dinge in Windeseile, die man nicht versteht und schon gar nicht verstehen will. So geschah es Lisa an jenem sagenumwobenen Dienstagnachmittag im sonnigen, frühlingshaften Monat Mai.

Sprachlos war Lisa selten. Doch als sie plötzlich auf dem Fußboden lag, ihr rechtes Fußgelenk penetrant nach innen angewinkelt anstelle wie gewohnt nach vorne gestreckt, da war sie tatsächlich sprachlos. Komischerweise hatte sie keine Schmerzen. Sie hob ihr rechtes Bein in die Luft, winkelte das Knie an, umfasste es mit beiden Händen und staunte, was sie sah. Völlig nichtsahnend, was da gerade geschehen war.

Seit einigen Jahren war Lisa als Raumgestalterin und Feng-Shui-Beraterin in ihrer eigenen Firma tätig. Ihre Begeisterung lag darin, Kunden ein angenehmes Zuhause mit wunderschönen Farbkreationen und Materialien zu erschaffen, wo sie sich rundum wohlfühlten. Der Mensch und sein Wohlbefinden standen für sie im Mittelpunkt des Schaffens.

An jenem Dienstagnachmittag war Lisa kurz bei einer Kundin im sechsten Stockwerk eines Jugendstilhauses, wohlbemerkt ohne

Aufzug. Sie wollte dort ein Farbmuster für eine Wandfarbe abgeben. Anschließend stand für Lisa eine entspannende Gesichtsbehandlung auf der meist mit Terminen vollgestopften Agenda bevor. Das heißt, sie wollte sich endlich mal wieder etwas Gutes tun, sich selbst eine Pause gönnen.

Was dann stattdessen geschah, hätte sich Lisa wohl in den kühnsten Träumen nicht ausmalen wollen.

Die Kundin war gerade dabei, ihre Vorhänge aufzuhängen, was sich als schwierig erwies. Lisa – hilfsbereit, wie sie war – wollte ihr zur Hand gehen. Bei allem, was Lisa tat, saß ihr das ach so fleißige Lieschen stets im Nacken. Ihr dringendes Bedürfnis, Menschen zu helfen, sie glücklich zu machen, lastete manchmal schwer auf ihr. Immer wieder musste sie feststellen, dass man es sowieso nie allen recht machen kann.

So stieg sie beflissen auf die Haushaltsleiter und wollte die schweren Vorhänge, die auf einem Drahtseil aufgezogen waren, anspannen und straffziehen. Dabei lief wohl etwas schief. Anstelle straffer Vorhänge lag Lisa flach auf dem Fußboden. Salopp sagte sie zur Kundin, sie solle den Fuß geradebiegen, dann sei die Sache wieder erledigt. So einfach war es dann aber leider nicht!

Ein Telefonanruf, und kurz darauf stand der ärztliche Notfallwagen mit zwei strammen Mannen auf der Matte. Wie bringt man jetzt die gute Lisa vom sechsten Stockwerk ohne Aufzug hinunter zum Notfallwagen? Das war erst einmal die Frage. Diskutiert wurde der Hubschrauber oder die Feuerwehr. „Papperlapapp, nichts dergleichen!", dachte Lisa. Elegant hüpfte sie alle Stockwerke auf dem linken Bein, das ja noch funktionstüchtig war, flugs die Treppen hinunter. Da staunten sogar die beiden Mannen. Das erste Mal in ihrem Leben wurde Lisa mit Blaulicht ins Spital gefahren. Zwei Operationen wurden durchgeführt. Nach langen 18 Tagen und noch längeren 18 Nächten wurde sie wieder nach Hause entlassen.

Dort wurde sie sehnlichst von Willi, ihrem Ehemann, erwartet.

Jeden Tag hatte er Lisa im Spital besucht. Das war für sie die tägliche liebevolle Portion Sonnenschein.

Die beiden wohnten am Rande einer Stadt in einer kleinen Mietwohnung mit einer traumhaften Aussicht auf die Alpen. Hinter dem Haus lag der große Wald, den Lisa und Willi sehr liebten. Mindestens dreimal die Woche Nordic Walking gehörte zuoberst auf ihre Gesundheits- und Wohlfühl-Prioritätenliste.

Für Lisa war es die zweite Ehe. Sie hatten beide keine Kinder. Willi war viele Jahre in der Immobilienbranche tätig gewesen, bevor er sich dann auch in die Firma von Lisa gesellte. Willi kümmerte sich um bauliche Themen und Lisa um die Raumgestaltung.

Bis zum Zeitpunkt des Unfalls war ihr Leben in mehr oder weniger geordneten Verhältnissen verlaufen. So war er sehr erstaunt, von der Kundin vom schweren Sturz seiner Frau zu hören. Von einem Tag auf den anderen änderte sich nämlich auch sein Leben grundlegend, nicht nur das seiner Frau.

Es stellte sich heraus, dass Lisa die folgenden vier Monate nur an Stöcken laufen und das rechte Bein mit höchstens zehn Kilogramm belasten konnte.

Sie war tapfer und lernte, sich der neuen Situation anzupassen. Das Schlimmste jedoch war, dass Lisa von einer Sekunde auf die andere abhängig wurde. Abhängig von anderen Menschen, vor allem von ihrem Mann. Sie konnte nicht mehr selbstständig aus der Wohnung gehen, nicht mehr Auto fahren, keine berufliche Tätigkeit mehr ausüben und keinen ihrer so geliebten Kurse oder Weiterbildungen mehr besuchen. Doch das Allerschlimmste war: Sie konnte nicht mehr in den Wald gehen. Lisa war ein Bewegungsmensch. Nicht mehr laufen zu können, erwies sich als Katastrophe für sie. Es gab Momente, da drehte sie wahrlich beinahe durch.

Dieser Sturz erschien ihr wie ein Alptraum. Dahinter lag wohl eine wichtige Botschaft – ein Fingerzeig ihrer Seele. Das große Geheimnis lag nun darin, den Sinn zu entziffern, das Geschenk dahinter zu entdecken!

Erfüllung des Traums – das Paradies in den eigenen vier Wänden

Bevor Lisa Willi kennenlernte, führte sie ein bewegtes Leben. Sie arbeitete viele Jahre als Direktionsassistentin in einer Immobilienfondsleitung. Dort wurde Willi auf die schöne Lisa aufmerksam und eroberte ihr Herz. Wie sich schon bald herausstellte, wurde Lisas Leben zusammen mit Willi noch spannender.

Sie erhielt das Angebot, als Immobilien-Portfoliomanagerin in einer Anlagestiftung zu arbeiten. Willi ermutigte sie dazu. Lisa nahm diese Herausforderung an. Berufsbegleitend schaffte sie es sogar bis zum Master of Science in Real Estate. Diese Ausbildung öffnete ihr Tür und Tor zur Mediationsausbildung in der Immobilienbranche und zu weiteren Coaching-Ausbildungen. Über ihre Fähigkeiten wurde gesagt: „Geht nicht gibt's nicht!" Ja, da war schon viel Wahres dran.

Lisa entwickelte sich zu einer Meisterin im Kreieren ihres Lebens.

Dennoch, das Portfoliomanagement erwies sich nicht als Lisas Berufung. Plötzlich meldete sich eine Stimme in ihr, ihre Herzensstimme. Lisa hörte darauf, kündigte nach fünf intensiven Jahren und gab den gut bezahlten Job auf.

„Und jetzt, wie weiter?", war die große Frage. In der Coaching-Ausbildung hatte sich Lisa vier Ziele gesetzt. Intellektuelle, materielle, emotionale und spirituelle Ziele. Über allem stand ihr dabei die Ganzheit von Körper, Geist und Seele. Und eine unbändige, lustvolle Freude und Dankbarkeit am Leben und an der Natur. Diese Ziele galt es nun umzusetzen.

Als freiheitsliebendes Wesen war klar, dass eines der Ziele die Gründung einer eigenen Firma war. Lisa wollte Immobilienwissen, Kommunikation und Lebensfreude darin vereinen. Ihre Vision war, das Wohlbefinden des Menschen in den Vordergrund zu stellen – und nicht mehr den Erfolg der Immobilie.

Dazu benötigte Lisa Wohn- und Arbeitsräume, ein weiteres Ziel. Gesagt, aber noch nicht getan! Zuerst gönnte sich Lisa ein Sabbatical.

Sie reiste für vier Wochen nach Australien, ohne Ehemann. Sie wollte ein spirituelles Seminar besuchen: „Finding your Soul in Central Australia". Sie stellte sich darunter vor, ihr bisheriges Leben zu reflektieren, einen tiefen Zugang zu ihrer Seele zu erhalten, nebenher Urlaub zu machen und einmal einfach nichts zu tun.

Und tatsächlich – diese Zeit in Australien führte zu einem Wendepunkt in ihrem Leben.

Kaum wieder zu Hause angekommen, plätscherte eine Viereinhalb-Zimmer-Wohnung in ihr Leben, wie von Magie gezaubert. Der Einzug erfolgte bereits ein halbes Jahr später. Diese Wohnung wurde Lisas persönliches Reich. Die andere Wohnung blieb nach wie vor das gemeinsame Zuhause von Willi und Lisa.

Sie wünschte sich multifunktionale Räume. Vieles sollte darin möglich sein: Seminare, Coachings, Körperbehandlungen, mit Farben arbeiten, mit Klängen berühren, genießen, kochen, meditieren, schlafen, einfach sein. Allein, zu zweit, mit Willi, mit Kunden, mit Gruppen oder mit Freunden.

Und so geschah es. Lisa hatte eine blühende Fantasie. Jeder Raum bekam eine andere Energie. Die Feng-Shui-Ausbildung, die sie dann noch machte, trug das Seinige dazu bei. Yang und Yin im Gleichgewicht zu halten, wurde für Lisa zum Maß aller Dinge. Kaum den ersten Fuß in die Wohnung gesetzt, hatte der Eintretende das Gefühl, mindestens einen Gang runterzuschalten. Ein Kirschbaumparkett mit seinem warmen, weichen Rotton hüllte den Besucher kuschlig ein. Beim Eingang wie auch im großzügigen Wohn-/Ess- und Küchenbereich luden die Farben Orange, Rot und Braun zu Gemütlichkeit und zu spielerischem Sein ein. Auf dem warmen, erdfarbenen Gabbeh-Teppich konnte gekrabbelt, gecoacht, geturnt oder auch meditiert werden. Diesen Raum hatte Lisa dem Basis-Chakra und dem zweiten Chakra, dem Sexual-Chakra, zugeordnet. Erdung, Lebensfreude und Genuss waren hier die Themen.

Im danebenliegenden Büro herrschte das Kommunikations- oder Hals-Chakra vor. Die Farben Türkis, Blau, Weiß und Silber sorgten für Klarheit und eine liebevolle Kommunikation aus dem Herzen. Hier stauten sich auch ihre tausend Bücher. Als Leseratte verschlang Lisa diese wie andere ein Butterbrot.

Das kleine Schlafzimmer gen Süden war dem Herz-Chakra zugeordnet. Olivgrün hinter dem Bett und ein wunderschön zartes Bleu pâle zierten die restlichen Wände und die Decke. Die Komplementärfarbe von Oliv ist Magenta. Bei der Betrachtung einer Farbe gilt es, auch die Komplementärfarbe miteinzubeziehen. Und so gab es im Schlafzimmer Farbtupfer in Magenta. Das brachte lebhafte, lustvolle Energie hinein. Nichts war bei Lisa dem Zufall überlassen. Ihre Detailliebe war unübersehbar.

Das kraftvollste Zimmer lag im Norden. Dort befand sich das Behandlungszimmer mit Massageliege, 19 tibetischen Klangschalen, einem goldenen Buddha, zwei Amethyst-Drusen und dem ganzen Aura-Soma-Farbsystem mit 120 Flaschen. Dieses Zimmer war dem Solarplexus-Chakra zugeordnet. Die Farben Gelb und ein verführerisches Rouge Framboise waren vorherrschend. Hier ging es um Selbstwert, Selbstliebe und Selbstbewusstsein. Hier eröffnete sich eine andere Welt, eine andere Dimension. Ein Raum, um bei sich anzukommen.

In allen Räumen spiegelte sich Lisas farbenfrohe, lustvolle Seele wider. Sie hatte sich ihr Paradies kreiert. Alles, was sie erfreute und glücklich machte.

Ernüchternde Realität – da ist der Wurm drin

Nun sollte man ja meinen, dass Lisa rundum hätte glücklich sein können. Sie hatte einen verständnisvollen Ehemann, der ihr Raum gab, all ihre Ideen und Wünsche umzusetzen, eine Wohnung ganz nach ihrem Gusto, wunderbare Fähigkeiten auf allen Ebenen – und dennoch war sie unzufrieden. Sie glaubte, immer noch zu wenig zu wissen und dass alle anderen viel besser seien als sie.

Lisa strampelte sich ab, bemühte sich um Aufträge, führte Seminare durch und kam finanziell dennoch auf keinen grünen Zweig. Es schien ihr, je mehr sie sich um andere sorgte, je mehr sie es anderen recht machen wollte, desto frustrierter wurde sie. Dies endete sogar darin, dass sie sich fragte: „Wozu denn das alles? Was ist der Sinn meines Lebens?"

Lisa steigerte sich immer mehr in das fleißige Lieschen hinein. Kaum äußerte jemand einen Wunsch, schon rannte sie und meinte, helfen zu müssen. Am Ende des Tages war sie müde, doch hatte sie kaum einen Rappen mehr in der Tasche, da sie ja meinte, alles gutmütig und für Freunde kostenlos machen zu müssen. Und bei Kunden traute sie sich ebenso manchmal kaum, ihren Wert zu nennen.

Dann kamen die Stimmen von Freunden noch dazu. Diese fragten: „Weshalb fokussierst du dich nicht auf etwas? Verzettle dich doch nicht dauernd. Mach mal etwas richtig und nicht tausend Dinge nur halbherzig!". Das machte Lisa noch trauriger, denn sie glaubte, dass doch all ihre wunderbaren und vielseitigen Fähigkeiten, die sie in sich trug, für etwas gut sein müssten.

Genau zu diesem Zeitpunkt ereignete sich der Unfall. Und Lisa stellte sich bewusst der weiteren Frage: „Was ist das Geschenk dahinter?"

Diese Fragen bissen sich in ihr fest. Es galt, diese blinden Flecken oder Ängste zu erkennen und sich davon zu befreien.

Da erinnerte sich Lisa an ihre Kindheit. Schon seit sie denken konnte, wollte sie die Geheimnisse des Lebens erforschen. Sie fragte sich immer wieder, was hier auf Planet Erde wohl ihre Aufgabe sei, die sie sich irgendwo ausgemalt hatte – lange bevor sie diese jetzige Lebensreise angetreten hatte. Es ging ihr also schon damals um die Frage nach dem Sinn ihres Lebens.

Sie war immer ein neugieriges, wissbegieriges Kind. Nie wurde sie müde, ihrer Mutter Löcher in den Bauch zu fragen. Fragen, die diese gar nicht beantworten konnte. Die Generation ihrer Eltern, geboren 1924 und 1925, war beschäftigt mit Überleben und dem Wiederaufbau nach dem Krieg.

Als Einzelkind hielt sie sich am liebsten in der Natur auf. Sie spielte mit ihren Freunden, den Kobolden, Feen und Waldwesen. Dabei erlebte sie viele zauberhafte Geschichten. Sie befand sich in einer Welt voll spielerischer Freude, sanftem Frieden und liebevoller Glückseligkeit. Diesen Zustand erlebte Lisa in ihrem Herzen, in ihrer inneren Welt, wohin sie sich zurückzog, um der äußeren Realität zu entfliehen.

Denn im Außen sah es anders aus. Bis sie mit sieben Jahren in die Schule ging, war sie kaum in Kontakt mit anderen Menschen. Nur die Eltern und die Großmutter lebten zusammen mit ihr in dem abgelegenen Haus am Rande eines kleinen Dorfes. Durch prägende Erlebnisse mit ihren Eltern, vor allem mit ihrer Mutter, brannte sich manch Schweres in ihr fröhliches Herz ein. Die Mutter beschuldigte sie, wenn Lisa nicht auf der Welt wäre, hätte sie sich von deren Vater trennen können. Lisas Selbstwert und ihr Selbstvertrauen rutschten in jener Zeit tief in den Keller. Sie lernte, sich anzupassen, wollte der Mutter alles recht machen, um doch von ihr geliebt zu werden. Damals wurde der Grundstein für das ach so fleißige Lieschen gelegt. Es schien, als käme dieses Thema jetzt mit Wucht in ihr hoch, um endlich gesehen zu werden.

Zauberhafte Verwandlung – von der Raupe zum Schmetterling

Da stand Lisa nun vor der Frage: „Was ist das Geschenk hinter diesem Sturz? Worauf möchte meine Seele mich aufmerksam machen?" Eine banale Antwort bahnte sich ihren Weg nach außen, die da lautete: „Du erhältst genügend Zeit, dich dieser Frage in ihrer ganzen Tiefe zu stellen!"

Bis jetzt hatte Lisa vorwiegend im Außen gelebt. Sie suchte die Antwort auf den Sinn ihres Lebens in Weiterbildungen oder in anderen Menschen, die sie bewunderte, und meinte, es ihnen gleichtun zu müssen. Was jedoch zu nichts führte. Nun hieß es, das einzigartige, wunderbare Wesen von Lisa im Inneren zu suchen. Es dort wahrzunehmen, zu empfangen, zu verinnerlichen, zu verankern und … zu genießen.

Während der vier Wochen in Australien hatte Lisa kurz einen Blick in ihr Inneres, in ihre Seele, werfen können. Durch all die Aktivitäten im Außen trat dies jedoch schnell wieder in den Hintergrund. Jetzt war es an der Zeit, sich mit dem Satz „Liebe deinen Nächsten wie dich selbst" auseinanderzusetzen. Es ging um Selbstliebe, Selbsttreue und Selbstbewusstsein, die dem Solarplexus-Chakra zugeordnet sind. Lisas kraftvollstes Zimmer in ihrem Paradies spiegelte diese Themen mit den Farben Gelb und dem wunderschönen Rouge Framboise im Außen, nun wollten sie auch im Innen gelebt und erfahren werden. Erst dann herrscht nämlich ein Gleichgewicht. So besagt es ein Naturgesetz des Lebens: Wie innen, so außen – wie außen, so innen.

Lisa verglich diese Reise mit der Verwandlung von der Raupe zum Schmetterling. Sie fühlte sich innerlich wie ein Schmetterling, voller bunter Farben, Leichtigkeit, Freude, Liebe und Zartheit, der darauf wartete, zu fliegen und die Welt zu erfreuen, einfach nur mit seinem Sein. Genauso, wie sie sich ihre zauberhaften Räume gestaltet hatte. Doch irgendwie steckte Lisa noch in der Raupe fest und wusste nicht, wie sie sich daraus entpuppen konnte.

Seit dem ominösen Sturz waren nun drei Jahre vergangen. Lisa erlebte sich während dieser Zeit neu. Sie lernte – im wahrsten Sinne des Wortes auf mehreren Ebenen –, neu zu laufen. Jeden Morgen machte sie Körperübungen, und das rechte Fußgelenk wurde wieder beweglich.

Dankbarkeit und Freude waren ihre Begleiter, wenn sie aufstand und trotz einer Metallplatte, die das Schienbein stützte, wieder völlig normal laufen konnte. Man höre und staune, letzthin tanzte sie sogar einen Boogie Woogie! Auf körperlicher Ebene erfuhr sie eine Wiedergeburt.

Für die Reise auf seelischer und geistiger Ebene benötigte Lisa Unterstützung. Interessanterweise traten im richtigen Moment die richtigen Menschen in ihr Leben. Eine wunderbare Frau begleitete sie unendlich zärtlich auf der Reise zu ihrem Herz und zu ihrem inneren Kind. Sie erlebte vier unvergessliche Coaching-Tage in den Berner Alpen, die sie tief im Herzen berührten.

Sie lernte, ihr inneres Kind wertzuschätzen und zu lieben. Die kleine Lisa, die bis jetzt in ihrem Leben kaum Beachtung gefunden hatte, wurde aus dem Dornröschenschlaf geweckt.

Sich selbst zu lieben – das sind Worte, einfach ausgesprochen, doch immens schwer zu leben. Sein Selbst, die Essenz von sich, so zu lieben, wie es ist, zum Beispiel mit all den Falten oder mit den sogenannten Fehlern, die wir zu haben meinen, das ist eine hohe Kunst an Lebenserfahrung.

Sich selbst liebevoller zu behandeln und zu einer klaren und friedlichen Ausdrucksform zu gelangen. Einen Weg zu finden durch alle Begrenzungen, die wir uns selbst auf unserem Lebensweg auferlegt haben, hin zu einem neuen, tiefen Frieden. Dadurch erstrahlt unser inneres Licht in einem neuen Glanz. Dies waren wichtige Erkenntnisse in Lisas Verwandlungsprozess.

Sie erinnerte sich wieder an die fröhliche, unbeschwerte Lisa, die in der Kindheit glücklich mit den Wesenheiten aus dem Wald gespielt hatte. Diesen inneren Frieden wieder in ihr Leben einzuladen, darum ging es.

Eine weitere feinfühlige Mentorin unterstützte sie, ihr riesiges Potenzial und ihre einzigartigen Fähigkeiten zu erkennen. Die Verletzungen aus der Kindheit zeigten sich als dicker, unangenehmer Wurm. Dieser entlarvte sich schließlich als Raupe, die sich seit Langem nach Verwandlung sehnte, um endlich ein Schmetterling zu werden.

Und alles, was Lisa an Glaubenssätzen und Ängsten an der Verwandlung gehindert hatte, wurde losgelassen und transformiert.

Sachte, sachte, Schritt für Schritt lüftete sich das Geheimnis – aus der Raupe entpuppte sich ein Schmetterling.

Lisa stellte fest, dass sie nicht länger etwas für andere tun musste, um geliebt zu werden oder Anerkennung zu erhalten. Sie stellte fest, dass es genügt, eine innige, zärtliche Verbindung zur kleinen Lisa – zu ihrem inneren Kind – zu haben. Dieses fröhliche, unbeschwerte, lustvolle, quirlige Wesen so zu lieben, wie es ist. Und mit ihrem Herzen liebevoll verbunden zu sein. Jeden Tag, jeden Augenblick so anzunehmen, wie er ist. Darin liegt das Göttliche.

Und Lisa darf all ihre Fähigkeiten ausleben, dort, wo es ihr Freude macht, und dort, wo es von Menschen geschätzt wird. Den Schlüssel und die Kraft dazu holt sie sich aus der Natur und dem Rückzug in die Stille.

Lisa ist bei sich angekommen. Bereit, weiterzugehen.

———

BEATRICE HOFMANN ist Raumgestalterin, Farbliebhaberin und Inspirationscoach. Wenn sie – als unkonventionell motivierendes Füllhorn – nicht gerade grandiose Lebensräume kreiert, dann badet sie genüsslich im Wald. Ihre Begeisterung liegt darin, Menschen spielerisch zu mehr Zufriedenheit und mehr Lebensqualität zu verhelfen.

IHR GESCHENK an dich ist ein spannender Artikel über den Schatten: https://bit.ly/2PQP37w

Von der Hausfrau zur Kurtisane, von der Kurtisane zur Muse

von Mirjam Kronenberg

Ein Reisebericht

Wie so oft in letzter Zeit spürte sie sich nicht.
Wie so oft fühlte sie sich ausgelaugt und leer.
Sinnlos angekommen in diesem Leben.
Verloren in der Zeit ihres Alltags.

Sie war Mutter, Dienerin des Haushalts und einsam.
Ja. Einsam.
Ihr Herz zog sich bei diesem Wort jedes Mal zusammen.
Wie ein Startschuss zum Selbstmitleid schwammen die Tränen an der Oberfläche ihres Gesichtes.
Wie erleichtert seufzte sie auf, weil sie sich in dieser Falle sicher fühlte.
Die Schwere war wie ein Zuhause für sie.
Geborgen treibend überließ sie sich der süßen Dunkelheit.
Stunden später war ihr Körper wie gelähmt vom vergessenen Atem.

Stunden später schaltete sich ihre Vernunft wieder ein und schalt sie für ihre Schwäche.
Sie machte weiter wie immer.
Aufstehen, Maske auf und trotzdem lächeln.
Hart, unterkühlt, gefühllos erschien sie den Anderen.
Doch dabei war sie sich sicher, dass sie zu viele Gefühle hatte.
Sie wusste, dass sie die Anderen vor sich schützen musste.
Sie wusste, dass sonst diese zerstörende Wut die Oberhand über ihr Tun gewinnen und sie die Anderen verletzen würde.
Dabei wollte sie nichts sehnlicher, als in den Arm genommen werden und einmal Kind sein dürfen.
Ein Kind sein.
Ohne Verantwortung. Ohne Angst. Ohne Gedanken.

Doch sie steckte in einem Frauenkörper.
Kindsfrau, hatten sie manche Männer genannt.
Sie nutzte dieses Schema, um ihrer Unsicherheit zu verstecken, und genoss die verkehrte Aufmerksamkeit, die ihr dadurch zuteil wurde.
Wer manipulierte hier wen?
Die Anderen sie oder sie die Anderen?
Feine Überschreitung der Grenzen aller.
Sie wollte es nicht. Nicht mehr.
Sie wollte lieben können.
Sich geborgen fühlen dürfen.
Sicher sein und endlich ankommen in diesem Leben.
Geboren, um zu suchen.
Sie wollte gefunden werden.
So lange suchte sie schon. Ermüdend war dieser Weg allemal.
Missverstanden auf den meisten Ebenen.
Sie hatte so viel zu sagen und schwieg.
Sie hatte so viel zu geben und verschwand.
Sie hatte doch alles in den Augen der Anderen.
Doch sie fand es nicht. Sie fühlte es nicht. Sie spürte sich nicht.

Sie begann bei ihrer größten Angst. Sie begann mit der Liebe zu sich selbst.
Sie verstand, dass das Ausgegrenzt- und Anderssein sie fern hielten von Intimität mit ihr selbst.
Sie verstand, dass der Weg zu den Anderen bei ihr selbst begann.
Sie stellte sich Fragen: „Wer bin ich als Frau? Wie benimmt sich eine Frau? Wie fühle ich mich als Frau?"
Der Schmerz in ihrem Körper zwang sie zur Langsamkeit.
Die war ihr bis dato verhasst.
Schritt für Schritt erzwang sie sich den Weg zurück ins Leben.
Atmen. Gehen. Sehen. Sein. Atmen. Gehen. Sehen. Sein.
Und siehe da. Sie sah. Sie sah Dinge, die sie in ihrem Tempo sonst immer übersah.
Sie seufzte vor Glück. Und stand still. Ganz in Frieden und dem kleinen Glück, welches sie sah.
Da wurde sie mutiger.
Sie begann sich sexy zu bewegen und erlernte die Vielfalt der Manipulation.
Sie ging auf die Bühne und strippte für ihr Leben. Und erntete Dankbarkeit und Segen.
Im Alltag brachte es ihr mehr Frieden und weniger Sorgen.
Sie suchte nicht mehr. Sie fand selbst.
Aus dem Gefühl der Einsamkeit wurde lebendiges Alleinsein.
Was für ein Glück.
Sie bestimmte wieder selbst über ihr Leben.
Das Dunkle kam ab und an zurück. Doch sie liebte es frei und gewann neue Perspektiven für ihr jetziges Glück.
Sie gewann Geschmack und Vergnügen zurück.
Sie wagte sich tiefer und stellte neue Fragen an die Frau, die sie jetzt war: „Frau, wie geht Beziehung? Was braucht es dafür?"
Sie fühlte sich sexier, doch auch untervögelt, gab sie zu…
„Wer lehrt mich über den Orgasmus des Lebens?"
Sie traute sich nicht zu fragen, denn zu alt ist sie und verrückt.

Sie sah die Scham dieses Themas und erkannte ihre Angst.
Sie fühlte sich unwissend und machtlos.
Der Weg führte sie tiefer in den Sumpf der Poesie und der Liebe.
Sie stellte sich vor. Bei Agenturen und Salons, die Liebe verkauften.
Sie lernte viel und gewann die Achtung vor sich selbst und den Männern zurück.
Je mehr sie wusste, desto energievoller und bewusster wurde sie.
Achtsamkeit und Respekt kamen als Erfahrung hinzu.
Die Macht, die sie erlebte, über sich und die Anderen, war eine Erkenntnis der Kraft, die in uns Frauen steckt.
Die Erkenntnis gewann sie im Spiegelzimmer – schamlos und schön.
Sie stand seitlich der Liege, ungefähr auf Höhe seiner Hüfte, und widmete sich der Massage seines Gliedes.
Sie waren beide nackt. Ihre Aufmerksamkeit galt seinem Atem.
Dann, eher zufällig, hob sie den Kopf und war zutiefst erstaunt von dem, was sie sah. Sie blickte in das Gesicht einer schönen Frau, die sich in diesem Moment in völligem Einklang mit sich selbst und ihrer Umgebung befand. Sie war verzückt. Dieser Augenblick. Schamlos und schön.
Ihre Hände berührten weiter die Haut und den Körper des Mannes. Mal sanft, mal fester. Sie hörte ihn atmen. Und sie sah sich selbst im Spiegel dabei zu. Der Raum, ein sehr kleiner Raum dazu, war in ein Licht getaucht, das beiden die Illusion von Intimität gab.
Zwei Wände waren komplett mit Spiegeln bestückt.
Sauber. Ohne Spritzer. Bereit für den nächsten Akt.
Sie stellte sich Fragen. „Wieso habe ich mich vorher noch nie so angesehen? Wieso habe ich nicht gewusst, dass ich so sein kann. Dass ich so bin?"
Sie sah sich. Sie sah sich, wie sie wirklich war.
In diesem Augenblick wurde ihr bewusst, wer sie war. Sie begegnete der Reinheit ihrer Seele im absurdesten Moment des Geschäfts in ihrem Leben.
Da musste sie erst in die Rolle einer anderen schlüpfen, um zu

erkennen, wer sie war. Um zu erspüren, wie ihr Körper mit sich im Einklang war und mit ihrer Seele schwang.
Einklang im Zweiklang. Frei von den Werten da draußen.
Frei von den Werten, nach denen zu leben müssen sie geglaubt hatte.
Dieser Augenblick bescherte ihr die Gabe, Schönheit zu sehen.
Die Schönheit der Menschen, die sie umgaben.
Die Schönheit der Natur um sie herum.
Die Schönheit von Worten, wenn sie wahr klangen…
Ihr ‚erster' wahrer Blick in den Spiegel brannte sich in ihr Herz.
Sie wird ihn nicht mehr vergessen.
Mir liegt am Herzen dir zu sagen, dass du es wert bist, dir selbst eine Chance zu geben.
Eine Chance, dir selbst zu begegnen. Es ist nicht alles so, wie es zu sein scheint. Gib dir und deiner Umgebung eine Chance.
Eine Chance auf deine Wahrheit. Wie auch immer diese aussieht.
Ein Blick in den Spiegel kann auf einmal alles verändern.
Du hast die Wahl.
Wählst du die Entdeckung deiner Schönheit und dich zu sehen oder wählst du den Schein deines Seins?
Der Blick in den Spiegel zeigte ihr nun das Antlitz einer Frau im Kleid ihrer Sinnlichkeit und strahlte zurück.
Sie erinnerte sich. Sie wagte den Blick auf ihre Biografie und ehrte ihr Leben in diesem Augenblick.
Nun fühlte sie sich in ihrem Körper zuhause und verstand ihn zu spielen, mit all seinen Facetten.
Die Zeit des Versteckens und des Nicht-Wissens lag nun zurück.
Sie war nun Geliebte und Liebende, auf dem Weg zur Expertin für Körperfreuden.
Doch diese Schublade engte sie ein.
Sie wusste um die Kraft und die Freuden, auf neuen Wegen zu wandeln und sich zu trauen, Verborgenes zu entdecken.
Risiken waren Freude und Erkennen in einem.
So begann sie zu tanzen und zeigte ihr Glück.

Ihr Körper wurde gelesen. Im Tanz fühlte sie sich so richtig zuhause.
Sie tanzte um ihr Leben. Ertanzte sich einen Weg zu ihrer weiblichen Ader und fand erneut Sicherheit und Glück.
Aus einer Frau wurde eine Muse für Weiblichkeit.
Verbunden mit sich und den Worten fand sie zum Schreiben.
Neue Worte verführten die Muse.
Spürvertrauen und freigeliebt sind Worte, die sie fand, im neu erfahrenen Vertrauen, das sie mit dem Leben hier verband.
Die Gefühle waren die Worte. Ihr Körper ihr Verstand.
Es begann, als sie sich selbst erkannte.
Ohne Maskerade des Lebens. Stattdessen nackt und erkannt.

Was ist deine Möglichkeit, deinen Körper mit dem Leben in Lebendigkeit zu vereinen?
Riechst du dein Leben?
Schmeckst du die Unschuld in dir?
Verliebst du dich in den Mantel deiner Haut?
Fühlst du die Natur, die dir vertraut?
Siehst du die Verführung, die sich dir zeigt?
Da sind so viele Fragen, die im erotischen Winterschlaf schlummern.
Aus meiner persönlichen Erfahrung heraus lohnt es sich wirklich, dir selbst mehr zuzutrauen und der Liebe zu vertrauen.
Wir sind alle sexuelle Wesen, gespickt mit Urvertrauen für ein glückliches Leben.
Erobere es dir Stück für Stück zurück und schenke dir Zeit für deine intimsten Fragen, die dir im ersten Augenblick als zu verrückt erscheinen.
Werde die Geliebte deines Lebens und Liebende zugleich.
Bist du bereit, dem Klang deines Lebens Raum zu geben?
Bist du verführt von den Worten, die ich fand, um zu schreiben, oder bist du inspiriert zu tanzen, um dich selbst zu spüren?
Der erste Schritt ist das Kribbeln der Lust in dir, deinen Körper zu spüren.

Der nächste Schritt ist dich zu trauen, etwas zu tun, um zu lieben.

―――

MIRJAM KRONENBERG erfüllt sich als lebensmutige Single-Mutter dreier Kinder ihre Träume, indem sie neue Wege auf sinnliche Weise erforscht. Mit ihrem Credo „sowohl – als auch" erweckt sie schlummernde Musen zum Leben.

IHR GESCHENK an dich ist das Manifest der freien Frau: https://bit.ly/3dJ4RSU

Freude, Begeisterung oder Trübsalblasen

von Stefan Kohlhofer

Hast du eine Wahl? Und wenn ja, was wählst du für dich?

HEY, du wunderbares Wesen, was wäre, wenn jeder Tag der beste deines Lebens sein dürfte?

Würde sich in deinem Leben etwas verändern?

Welche Wahlen würdest du treffen, wenn du mit Begeisterung und Freude deinen Tag leben würdest?

Heute erzähle ich dir eine Geschichte aus meiner Kindheit und das, was sich bis heute in meinem Leben zeigt.

Themen wie Freude, Potenzial, verstehen oder (nicht) verstanden werden und wie du einen Weg gehen kannst und auch wirklich deinen Ausdruck, deine Aufgabe, Berufung, oder wie auch immer du es nennen magst, finden kannst.

Sollte es wieder einmal eng werden, schau doch einmal, was du weglassen kannst, das dir nicht mehr guttut, und welche neuen Möglichkeiten schon auf dich warten.

So viele Impulse erreichen uns den ganzen Tag, und wir nehmen oft nur einen Bruchteil bewusst wahr, sind sozusagen schon „blind" für das Neue. Und das Gewohnte beizubehalten, ist ja auch so „ehrwürdig" (da es Ausreden bereithält) für uns selbst und alle, die sich daran auch schon gewöhnt und orientiert haben. Ist man da doch in einer Komfortzone, und so vieles ist berechenbar und …

Du kennst das?

Viele kennen das! Viele wollen auch etwas verändern und sind dennoch nicht bereit, aus ihrem Hamsterrad auszusteigen.

Als Künstler und Energetiker kenne ich das natürlich auch, dass es leichter wäre, im „Alten" und Gewohnten zu bleiben. Doch ist es oft gar nicht möglich, etwas zu kreieren oder Menschen zu begleiten, wenn da nicht der Weitblick wäre und ständiges Fragen nach MEHR IM LEBEN.

Für mich entsteht aus dem Chaos alles. Vor allem in der Kunst ist das sehr gut spürbar. Und so liebe ich meine Arbeit! Zuerst Chaos, da zeigt sich so vieles, das dann in Form gebracht wird, und wenn dann die Ordnung zu sehen und zu erkennen ist, kannst du ja entscheiden, was du damit machen möchtest, bevor wieder Chaos herrscht und eine neue Kreation entsteht.

Was, wenn alles einfach und leicht wäre?

Diese Frage stelle ich immer wieder und komme zu dem Schluss, dass es ja ganz oft auch so ist. Nur unsere Ansichten, wie etwas zu sein hat, oder unsere Muster und Überzeugungen (ob es wirklich immer unsere sind, sei einmal dahingestellt), die wir haben, erlauben es uns oft nicht, es zu sehen oder zu leben.

Und nun viel Spaß mit einem Ausflug in die/meine Kindheit und was sich da alles zeigt und entwickelt.

„So, wie es die Kinder machen."

Kannst du dich noch an deine Kindheit erinnern, deine Freude, dein Forschen, die Begeisterung, die Präsenz, das Spielen … usw.?

Also ich weiß noch genau, wie sehr ich es liebte, in der Natur zu sein. Im Garten zu spielen und alles zu erkunden, was es rundherum gab.

Aufgewachsen bin ich auf dem Land, besser gesagt in einem Tal. Da gab es eine Straße, einen Bach, ein bisschen Wiese dazwischen, und links und rechts ging es schon den Berg hinauf (steil). Viele würden sagen, dass es da „sehr eng" ist, mit etwa 150 bis 200 Metern ebener Fläche von einem Berg zum nächsten. Nachbarn hatten wir so gut wie keine, zumindest keine unmittelbaren. Das nächste Haus war schon einige Hundert Meter entfernt, und dann war wieder nichts.

Ins nächste größere Dorf waren es rund fünf Kilometer, und was glaubst du, wie ich, wenn ich wollte und keiner Zeit hatte, mich zu fahren, dort meistens hinkam? Richtig, zu Fuß oder mit dem Fahrrad.

Und ich hatte überhaupt kein Problem damit.

Heute wäre das für viele schon ein Grund, unzufrieden zu sein. Doch ich liebte es!

Ich war so frei. Da waren keine Grenzen, zumindest nicht für mich, in dieser Zeit.

Nach der Schule schnell essen und Hausaufgabe machen und dann hinaus ins Freie, den ganzen restlichen Tag, bis es dunkel wurde.

Ich spielte, beobachtete und genoss es, in und mit der Natur zu sein ... Und da hat sich bis heute nichts geändert!

„Im Moment präsent mit allem, was da ist."

Wie sehr erlauben wir es uns, mit allem präsent zu sein, ohne in das Hamsterrad des Alltags zu verfallen?

Einmal haben mein Bruder und ich sogar ein Schneckenrennen veranstaltet – ja, wirklich! Das funktionierte folgendermaßen:

Wir hatten nach dem Regen so viele dieser Weinbergschnecken – die mit dem Haus auf dem Rücken – gefunden. Jeder nahm zwei von ihnen mit und setzte sie auf ein Brett in der Wiese, um sie dann dort um die Wette kriechen zu lassen. Die, die als Erstes über eine zuvor festgelegte Markierung war, hatte gewonnen. Ich glaube, eine Stunde oder mehr dauerte das Schauspiel. UND wir waren voll dabei. Im Moment präsent mit allem, was da war.

Welche gewonnen hat, weiß ich heute nicht mehr, doch ist die Energie dieser Präsenz mit dem Tier noch so klar abrufbar.

Und das war nur eine kleine Episode aus meiner Kindheit, doch die hat sich gerade gezeigt, um auf die kleinen Freuden der Kinder hinzuweisen. Es braucht oft wirklich nicht viel, um glücklich zu sein.

Wie oft glauben wir, „mehr" machen oder mehr anbieten zu müssen?
Und wie oft stellen wir eine Frage?
Was macht uns wahrhaftig glücklich?

Als ich älter war, machte ich viel Sport (auch Wettkampf), und die Musik hatte mich, oder ich sie, gefunden.

Da teilte es sich dann ein bisschen auf mit Indoor- und Outdoor-Aktivität. Und doch war ich wieder ganz intensiv und mit voller Begeisterung bei allem, was ich machte, dabei!

Die Musik, so belebend und nährend. Ich wollte immer Trompete spielen.

Meine Eltern erlaubten es mir auch, Unterricht zu nehmen, und ich war gut, richtig gut! Das sagte auch mein Lehrer immer wieder. Bei anderen Schülern hörte ich das aus seinem Mund eher nicht, doch mich unterstützte er und brachte mir alles bei, was er wusste.

Warum? Ich tat mir leicht, UND ich wollte unbedingt spielen!

Nach kürzester Zeit konnte ich Duette spielen, und dann durfte ich auch bald im Orchester mitwirken. Welch Ehre für mich als Jungmusiker! Ich war soooo aufgeregt bei den ersten Proben und zählte immer die Tage bis zur nächsten Zusammenkunft. Es war einfach herrlich und eine Bereicherung in meinem Leben. Freude pur!

Ich habe bis heute in den unterschiedlichsten Gruppen und Formationen gespielt, auch 14 Monate professionell in der Militärmusik im Burgenland/Österreich in meiner Wehrdienstzeit.

Beim Sport war mein Trainingsplatz die Natur. Ausdauertraining, Laufen, Krafttraining, alles draußen auf Wiesen oder inmitten von Bäumen, Pflanzen, Bergen, Wasser und auch vielen Tieren, die ich im Wald traf. Auch diese Begegnungen genoss ich jedes Mal aufs Neue. Ein Reh, ein Hase, ein Fuchs, ein Eichhörnchen, ein Feuersalamander und viele andere, und natürlich die Vögel waren immer präsent.

Langeweile gab es nicht!

Die Lust auf Bewegung, die frische Luft und die Freiheit, die ich genoss, waren so groß, dass ich oft stundenlang unterwegs war und meine Eltern gar nicht wussten, wo ich war.

Oft wusste ich es selbst nicht genau, wenn ich laufen war. Da ließ ich mich leiten von der Energie, und ich vertraute meiner Intuition und wusste, dass ich immer gut nach Hause kommen würde. Auch wenn es manchmal schon im Finsteren war.

Für diese Erfahrungen bin ich sehr dankbar! Auch meinen Eltern, die mir so viel erlaubten.

Es gab für mich nichts, was ich nicht schaffen konnte. Alles, was ich mir in den Kopf gesetzt habe, habe ich umgesetzt. Und das Beste: Ich war immer sehr gut darin!!! Das zieht sich auch bis heute in viele Bereiche meines Lebens.

Meine Begeisterung hat mich immer schon zu Spitzenleistungen geführt!

An anderen habe ich mich wenig bis gar nicht orientiert. Ich glaube, das hat dieses „Mit-mir-Sein" ermöglicht. Das Wissen, dass ich es kann und gut bin, war einfach da, und ich musste es keinem sagen oder beweisen.

Alle sahen es doch an meinem Ausdruck des Lebens!

Was ich allerdings wahrzunehmen begann, war, dass andere mit mir in Konkurrenz gingen.

Und das war anfangs neu und sehr irritierend. Hatte ich mir ja nie wirklich Gedanken darüber gemacht und auch keine Gespräche mit meinen Eltern oder Freunden über diese Thematik geführt.

Hier begann mir bewusst zu werden, dass nicht alle so spüren und funktionieren wie ich. Für viele war damals schon das Leben schwer und nur mit einem „ICH MUSS" statt „ICH DARF" erlebbar.

Oftmals nahm ich Neid und Bewertung wahr, und das löste etwas in mir aus ...

In dieser Zeit konnte ich es (diese Energie der Bewertung und Konkurrenz) wahrnehmen und recht gut wegstecken. Wahrscheinlich auch wegen meiner Freude und der Leichtigkeit, die ich lebte.

Doch je älter ich wurde, desto stärker nahm ich diese Gedanken, Bewertungen, Emotionen anderer als eine Energie wahr, die mächtiger wurde und mir nicht guttat. Ich suchte oftmals nach Lösungen für Dinge oder Situationen, die nicht einmal mit mir zu tun hatten, sozusagen nicht meine waren.

Damals tat ich das, da ich keine Ahnung hatte, welche Möglichkeiten ich sonst noch hätte.

Die „Werkzeuge" zum Lösen solcher Energien kamen erst viel später in mein Leben.

All das, was ich so spürte und wahrnahm, führte oft zu Irritation in meinem Körper. Teilweise bekam ich Bauchkrämpfe oder sogar Durchfall und somit auch viel Stress, der sich auf mein gesamtes Wohlbefinden auswirkte.

Und ich glaubte ganz lange, dass all das, was sich da zeigte, mit mir zu tun hatte.

Heute weiß ich, ich bin so feinfühlend und wahrnehmend und spüre die Energie auch von anderen so stark, dass mein Körper darauf reagieren kann.

Vor allem bei Menschenansammlungen und bei größeren Veranstaltungen, wenn viele Emotionen aufkommen, war es oft sehr unangenehm für mich.

Ein Beispiel dafür: Fußballspiele, das geht für mich gar nicht.

Oder weißt du, wie es ist, wenn du dich auf ein Konzert vorbereitest, die Freude und die Begeisterung schon spürst und weißt, dass es einfach genial wird. Das ist Vorfreude pur und löst auch Gefühle und Emotionen aus. Die sind jedoch anders wahrzunehmen als Lampenfieber, Stress und Angst vor einem Auftritt. Es sind nur Nuancen, die den Unterschied machen. Und viele Menschen kennen den Unterschied nicht und können es für sich nicht wahrnehmen und klar erkennen.

Wie oft habe ich gehört: „Du brauchst keine Angst zu haben!" oder „Nur keinen Stress jetzt!" usw.

Kennst du das auch?

Bei mir war es jedoch die Vorfreude, die die anderen wahrgenommen und falsch interpretiert haben. Und was dann noch dazukam: Ich habe mich in diese Energie „eingekauft".

Wie oft das passiert ist, kann ich nicht sagen. Es wurde dann immer intensiver im Ausdruck meines Körpers, und irgendwann dachte ich tatsächlich, es sei meine Angst beziehungsweise Stress!

So habe ich immer wieder meine Vorfreude vor einem Auftritt mit den Emotionen anderer verwechselt. Das ging wirklich so weit, dass ich bis kurz vor dem Auftritt auf dem Klo verbrachte und nicht wusste, ob ich es überhaupt schaffe, auf die Bühne zu gehen und zu spielen.

Das war nicht gerade entspannt und vor allem nicht das, was ich wollte, und machte mir immer weniger Spaß.

Ich habe das nie jemandem gesagt, doch es verursachte für mich Stress, und immer wieder fragte ich mich, was falsch und so anders an mir war, da ich es so bei anderen nicht sah oder wahrnahm.

Teilweise glaubte ich schon, die Begeisterung „verloren" zu haben.

Heute weiß ich, wie ich damit umgehen und welche Werkzeuge ich für mich anwenden kann, um wieder klar zu erkennen, was sich da zeigt.

Und wie viele Menschen haben noch nicht die richtigen Impulse bekommen und leben somit mit den vielen Verwechslungen in ihrem Leben! Und das ist den meisten nicht einmal bewusst!

Das erlebe ich immer wieder in meiner Praxis, wenn ich Fragen zu den individuellen Themen stelle und ganz oft dieses große Fragezeichen über den Köpfen zu schweben scheint. Nach ein paar Clearings ist jedoch meist die Klarheit wieder da und ein Überblick über das, was da wirklich zu spüren ist. Und die Menschen können sofort, wenn es einmal im Bewusstsein ist, anders beziehungsweise Neues für sich wählen. Einfach und effektiv mit viel mehr Freude und Leichtigkeit!

Ich habe einen Weg gefunden, der für mich gut gangbar ist. Einen, wo ich nicht mehr Trübsal blasen muss und alles falsch mache. Die Freude, die Begeisterung, das Spiel – all das ist wieder da und will gelebt werden, so wie ich es aus meiner Kindheit kenne.

Dazu bin ich immer wieder aus meiner Komfortzone gegangen (und mache das natürlich immer noch).

Ich habe mein eigenes Unternehmen, mein Business, das mir erlaubt, so kreativ zu sein mit allem, was sich dazu zeigen mag.

Ich liebe es, Menschen zu begleiten und Möglichkeiten aufzuzeigen.

Und es ist zum Beispiel pure Freude, ein Bild zu malen. Der ganze Prozess, der da stattfindet, ist voller Energie!

Das erfüllt jedes Mal mein Sein, und in diesem Moment bin ich diese Energie des Empfangens und die Begeisterung, die Freude … und weiß ganz genau um die Energie, die sich zeigt.

Dankbarkeit ist allgegenwärtig!

Und nicht nur als Künstler begleite ich Menschen mit Form, Farbe und Ausdruck und bringe Leben in ihre Räume.

Intensive Erfahrungen mit mir selbst und zahlreiche Seminare und Weiterbildungen in der Persönlichkeitsentwicklung und Energetik erlauben es mir, Menschen mit und in ihren individuellen Situationen zu begleiten.

Lösungen zu finden und Ziele zu erreichen, ist für viele so schwer geworden. Und oft hindern Mangel, Angst, Stress, Schmerz und/oder Überzeugungen anderer den Fortschritt des Einzelnen.

Lieber in die „Norm" passen und nicht auffallen, als ein erfolgreiches, freudvolles und spielerisches Leben zu genießen.

Wer kennt das nicht! Und wie viele sind wirklich bereit, herauszutreten aus dem Schatten der anderen?

Was weißt du, das andere nicht wissen?

Was hast du, das andere nicht haben?

Und bist du bereit, es mit den Menschen, die dein Wissen und deine Kreationen empfangen möchten, zu teilen?

Was wäre wirklich möglich für dich, wenn du deine Komfortzone verlassen und nach mehr im Leben fragen würdest?

Ich kann dir aus eigener Erfahrung sagen: „Es tut so gut!"

Es ist nicht immer nur leicht oder easy, diesen Weg zu gehen, doch eines kann ich dir sagen: Ich liebe das und würde es immer wieder machen!

Und aus diesen Erfahrungen heraus hat sich gezeigt, dass sich immer wieder diese sogenannten neuen Türen öffnen und sich Menschen zeigen, die dir weiterhelfen und dir ein wertvoller Beitrag sein können, wenn du es empfangen kannst.

Sie treten einfach ins Licht und sind da. Und wenn du es erkennst, erweitert sich dein ganzes Sein!

> *„Je mehr ich mich einlasse auf den Moment und präsent bin mit der Energie, mit allem, was ist, desto mehr zeigt sich die wahre Schönheit von allem!"*

Bist du jetzt bereit, Freude und Begeisterung zu leben und ein Lichtpunkt zu sein, zu strahlen und zu berühren?

Wer wird es wohl wählen? Wenn nicht DU!

Ohne etwas zu erwarten und ohne Bewertungen wird das Leben viel leichter, wenn es auch eine Herausforderung darstellt. Was haben wir gelernt, und was ist uns beigebracht worden?

Die Erfahrungen bei mir und mit meinen Kunden zeigen deutlich, dass es angenehmer, ruhiger und relaxter wird – und das ist es ja, was so viele Menschen möchten.

Viele weltweit haben bereits gewählt, „mehr im Leben zu haben".

Und ich behaupte jetzt ganz einfach: Du kannst das auch!
Die Frage ist: „Möchtest du es überhaupt?"

Ich wünsche dir ein super geniales Leben, mit all der Freude und Leichtigkeit, die es zu erfahren gibt!

Wähle einmal etwas, das ganz außerhalb deiner Komfortzone liegt, und genieße die Erfahrung, die sich da auch immer zeigt. Und vor allem hab Freude und nutze den riesengroßen Spielplatz Erde!

Vielleicht treffen wir uns ja eines Tages und tanzen barfuß auf dem kühlen Gras, sitzen um ein Lagerfeuer oder singen und spielen und haben ein freudiges und beitragendes Miteinander!!!

STEFAN KOHLHOFER begleitet Menschen als Energetiker und Künstler. Mit dem Projekt SCHWINGUNGS-RAUM.at hat er mit seiner Freundin eine Möglichkeit geschaffen, die zu „Mehr im Leben" einlädt. Ob kreativ, unterstützend und begleitend, Geschichten erzählend oder barfuß wandernd, teilt er die Lebensfreude mit Menschen, die gerne auch einmal die Komfortzone verlassen und ihr Bewusstsein erweitern möchten.

SEIN GESCHENK an dich ist eine Reise in die Welt der Kristallklänge: https://bit.ly/2Qx1dTz

Reise mit leichtem Gepäck

von Silvia Heimburger

DA WAR ES WIEDER. Sie kannte es bereits. Dieses Gefühl, nicht zu genügen. Lisa wandte ihren Blick von ihrem Spiegelbild ab. Das konnte sie heute nicht ertragen. Sie stand wie jeden Morgen im Bad und wollte sich frischmachen für den Tag. Doch heute, heute war etwas anders. Sie ertrug sich selbst nicht mehr. Das, was ihr da entgegenblickte.

Tränen stiegen hoch. Enttäuscht legte sie sich wieder ins Bett. Dieser Tag war wohl nicht für sie gemacht. Dann wollte sie ihm auch nicht begegnen. Nicht so.

Lisa hatte sich die Decke über den Kopf gezogen. Sie wollte nichts mehr hören, nichts mehr sehen. Und am allerwenigsten sich selbst. Verborgen unter der Decke konnte sie trotzdem keine Ruhe finden. Ganz im Gegenteil. Es schien ihr, als wäre da etwas sehr laut in ihr. Wie ein Stimmengewirr, durcheinander und nicht zu bändigen. Jedenfalls nicht im Moment.

Wie konnte das sein? Sie, die normalerweise mit beiden Beinen im Leben stand, fühlte sich jetzt so ohnmächtig, so ausgeliefert. Dabei achtete sie doch sonst sehr darauf, dass sie alles unter Kontrolle hatte. Klar, in ihrem Job wurde das verlangt. Sie war bekannt für ihr Organisationstalent, ihre strukturierte Arbeitsweise und ihren Teamgeist. Ja, sie war durchaus beliebt. Auch bei ihren Freunden und Bekannten. Man genoss ihre Gesellschaft. Sie war eine gute Zuhörerin und hatte meistens einen tollen Tipp parat. Für die anderen.

Wo blieb sie dabei?

Du willst perfekt sein.

Mein Gott, sie hatte schließlich gelernt, sich selbst nicht in den Vordergrund zu stellen. Das wurde ihr schon als Kind eingetrichtert. Zuerst die anderen, dann du.

Du musst dich anstrengen, damit die anderen dich anerkennen, damit du beliebt bist oder gar überhaupt wahrgenommen wirst. Du musst noch besser sein.

Lisa reichte es. Völlig entnervt warf sie die Bettdecke zur Seite, setzte sich auf und versuchte sich zu orientieren. Was war denn heute los mit ihr? Eine Tasse Kaffee würde sicherlich helfen. Ihr Kreislauf würde auf Touren kommen und sie könnte dann ihre Gedanken ordnen. *Was für ein Chaos.* Sie nahm ihren Bademantel, zog ihn über und ging in ihre warme und gemütliche Wohnküche. Als sie ein wenig später mit einer Tasse in der Hand am Tisch saß, wurde ihr klar, dass sie unbedingt eine Lösung wollte. Diesem Gefühlssturm wollte sie einfach nicht immer wieder ausgeliefert sein. Das warf sie jedes Mal aus der Bahn.

Lisa lehnte sich zurück und schloss für einen Moment die Augen. Sie fühlte sich überfordert. Ihr Kopf tat schon weh, so sehr strengte diese Suche nach einer Lösung, nach einem Ausweg an.

Auf einmal war da diese leise Stimme. Und nein – die kam definitiv nicht aus dem Kopf. Denn da war es immer noch laut – sehr laut. Aber diese Stimme, die hatte etwas sehr Ruhiges, Weiches und unendlich Liebevolles in sich. Es war eher ein Flüstern, ein zartes Auf-sich-aufmerksam-Machen. Diese Stimme wiederholte immer wieder einen Satz:

„Reise mit leichtem Gepäck!"

Was das wohl bedeuten sollte? Reise mit leichtem Gepäck – Lisa spürte Erleichterung. Und das, obwohl sie keinen blassen Schimmer hatte, wer da zu ihr sprach und was diese Worte bedeuten sollten. Es war nur so, als ob ihr jemand anbot, etwas von ihren Schultern zu nehmen und abzustellen, damit sie leichter, freier weitergehen konnte. War das möglich?

Doch bevor sie mit dieser Frage wieder ihren Verstand quälen konnte, sprach die leise Stimme bereits weiter:

„Du weißt es genau. Folge deinem inneren Kompass!"

Ah – okay. Lisa runzelte die Stirn. Das hatte sie doch schon mal gehört. Der innere Kompass und sich davon leiten lassen. So hieß es doch überall. Sofort waren da wieder ihre Gedanken: Alle können das. Alle wenden das an. Warum ich nicht? Warum bleibt mir das verborgen?

Lisa fühlte sich orientierungslos. Wie genau sollte sie diesen inneren Kompass finden? Es machte sie unglücklich, dass es da scheinbar etwas gab, zu dem sie keinen Zugang hatte.

Wie konnte sie hinter das Geheimnis kommen?

Doch auch hier wurde sie gleich wieder von der leisen Stimme unterbrochen:

„Warum machst du dir immer wieder Druck? Warum diese Gedanken, die in einer Endlosschleife scheinbar unausweichlich durch dich hindurchrattern? Warum diese Geschichten, die du dir immer wieder selbst erzählst? Und vor allem diese Fragen?

Da packst du ein – da packst du dich voll. Und nicht zu knapp. Es gilt dieses zu beachten, jenes zu beobachten. Du darfst dies nicht vergessen oder jenes nicht außer Acht lassen. Sollte es vielleicht doch schneller gehen mit eventuell viel mehr Klarheit? Warum nur klappt es bei den anderen so gut und bei dir anscheinend nicht?

Dein Koffer ist randvoll. Noch.

Es gibt für dich in diesem übervollen Durcheinander, diesem Tumult, in diesem Sturm nichts zu sehen, nichts zu holen. Warum nicht? Weil du wieder einmal die Schneekugel schüttelst und klare Sicht erwartest. Du schüttelst nicht nur einmal. Je rascher deiner

Meinung nach das Resultat oder deine weiteren Schritte sichtbar werden sollen, umso heftiger schüttelst du."

Lisa setzte sich mit einem Ruck aufrecht hin und riss die Augen auf: „Eine Schneekugel – was bitteschön soll das mit mir zu tun haben?" Energisch schüttelte sie den Kopf und brummelte leise vor sich hin: „Mein Gott, jetzt bin ich völlig durchgeknallt. Jetzt höre ich sogar schon Stimmen in mir, die mir sonderbare Dinge einflüstern wollen. Höchste Zeit, mal wieder klar nachzudenken." Doch das mit dem Nachdenken musste wohl noch ein bisschen warten, denn die leise, zarte Stimme sprach einfach weiter. Ungeachtet von Lisas Einwänden.

„Erinnere dich. Jetzt. Mach es dir leicht. Nimm die Schneekugel als Bild für dein Bewusstsein. Du bist reines Bewusstsein. Im Inneren der Kugel wird deine Essenz sichtbar. Immer dann, wenn der Schnee ruht. Klar, ganz klar kannst du es erkennen.

Dein Bewusstsein und auch deine Essenz – deine tiefste Weisheit – laden dich ein, immer wieder aus dem Formlosen in die Form zu gehen. Kreation in Perfektion. Das ist die Schöpfung an sich. Das Formlose, das sich durch einen empfangenen Impuls, der als passend empfunden wird, in der Form ausdrückt. So bist du unterwegs. Immer wieder. Du wählst. Du wirst erwählt. Du entscheidest. Das ist dein MenschSEIN mit ALLEM, und gleichzeitig ist es so viel mehr.

Sehr oft erkennen die Menschen sich nicht mehr im Formlosen. Sie glauben, alles was sie sind, ist das, was sie in der festen Form sehen. Sie vertrauen darauf, dass das, was sie in ihren Gedanken wahrnehmen, die absolute Wirklichkeit ist.

Was, wenn du selbst alles sein kannst? Immer. Wenn du selbst das Bewusstsein, die Essenz und auch der Form gewordene Ausdruck bist?

Kannst du das glauben? Erinnerst du dich? Du bist niemals etwas anderes. Alles was du meinst zu sein, wenn du die Schneekugel schüttelst, ist eine Illusion. Die reine Illusion deines MenschSeins.

Du bist nicht deine Gedanken.

Du bist nicht deine Gefühle.

Und du bist schon gar nicht die unendlich vielen Geschichten, die du dir immerfort über dich selbst erzählst."

Lisa zweifelte nicht mehr, dass die leise Stimme ihr etwas sehr Wichtiges zu sagen hatte. Das, was sie bisher gehört hatte, hatte ihre Neugier geweckt. Sie musste mehr davon erfahren. Sie wollte mehr wissen.

Sie wollte sich erinnern. Mit einem Mal spürte sie, wie sehr sie sich danach sehnte. Bisher hatte sie es nie richtig einordnen können, diese Sehnsucht nach etwas, das sie noch nicht einmal genau benennen konnte. Vieles fühlte sich einfach nur falsch an in ihrem Leben. Und ihr schien es oft so, als ob es da noch mehr geben musste. Als ob hinter der alltäglichen Schwere, dem Druck etwas Leichtes, etwas Freies verborgen war.

Da fielen sie ihr wieder ein – die Worte zu Beginn: „Reise mit leichtem Gepäck!"

Genau das wollte sie. Jetzt. Sofort.

„Lisa, das ist gut. Du hast gewählt. Jetzt bist du bereit, deine Schneekugel für diesen einen Augenblick abzustellen, und der Schneesturm darin kann zur Ruhe kommen. Lass mich dir etwas erzählen. Ich habe dir gesagt, dass du nicht deine Gedanken und nicht deine Gefühle bist.

Du hast lediglich Gedanken. Du hast Gefühle.

Gedanken sind in ihrem Ursprung sehr rein. Sie tragen ebenfalls reines Bewusstsein in sich. Man könnte sagen, sie sind formlos. Für einen kurzen Moment. Dann kommen sie zu dir, in dein Erleben. Du nimmst sie wahr, du nimmst sie auf und du verknüpfst sie mit etwas Bekanntem in dir. Das ist alles. Damit machst du aus einem Gedanken, der dir alle Möglichkeiten bieten könnte, etwas, das sofort in eine bestimmte Schublade einsortiert wird. Und somit verliert dieser Gedanke sein freies, unbegrenztes Potenzial.

Der Inhalt des Gedankens wird von dir unbewusst gemessen an

all den Erlebnissen deiner Vergangenheit oder den unerfüllten Wünschen für deine Zukunft.

Das ist zutiefst menschlich.

Nicht mehr und nicht weniger.

Wenn du mit dem reinen Gedanken einfach nur in der Gegenwart verweilen würdest, dann könnte er sich in seinem vollen Potenzial entfalten. Dann wäre er in der Lage, dir etwas Neues, etwas Frisches zu zeigen. Doch das gelingt den wenigsten Menschen.

Jedes Mal, wenn Gedanken dich finden, läuft dieses Einsortieren und Bewerten automatisch ab. Und jedes Mal erzeugt es die entsprechenden Gefühle in dir. So wie heute, als du in den Spiegel geschaut hast. Menschen nehmen das für bare Münze. Es ist ihre scheinbar unabänderliche Wahrheit.

Weißt du, du kannst nicht kontrollieren, welche Gedanken du gerade denkst. Sie finden dich – immer und immer wieder. Dann fühlst du dich deinen Gefühlen, die daraus resultieren, ausgeliefert. Manche findest du ganz gut, andere möchtest du nicht haben, nicht fühlen. Und vor einigen fürchtest du dich sogar.

Deshalb ist es wichtig zu wissen, dass du immer eine Wahl hast. So wie du heute gewählt hast, mir zuzuhören, so kannst du in jedem Moment wählen, wie du mit deinen Gedanken und Gefühlen umgehen möchtest.

Reise mit leichtem Gepäck!"

Lisa spürte, wie es ihr immer besser ging. Sie lächelte sogar. Die innere Schwere verwandelte sich ganz sachte in eine sehr angenehme Leichtigkeit. Da war wieder Licht am Ende des Tunnels. Es erschien ihr, als ob sich Türen für sie öffneten, von denen sie gar nicht gewusst hatte, dass es sie gab. Sie wollte mehr erfahren.

Sie erinnerte sich kurz an ihre Kindheit. Ein Bild tauchte auf, sie war vielleicht drei oder vier Jahre alt. Unbeschwert, glücklich. Wissend, dass sie immer geborgen war. Sie sprach in dieser Zeit oft mit sich selbst. Beim Spielen. Wenn sie draußen in der Natur war. Und sie bekam Antworten. Aus sich selbst. Da war dieses unbeschreibliche Glück, diese Geborgenheit, das ganz selbstverständliche Angenommensein.

Es war ihr, als würde sie jetzt aus ihrem Erwachsenen-Ich heraus auf dieses Kind-Ich blicken. Da gab es eine wichtige Botschaft für sie, von ihrem inneren Kind: „Du bist richtig so, wie du bist. Genau jetzt. Immer." Sollte das wirklich wahr sein? Hatte sie es vielleicht einfach nur vergessen, jetzt als Erwachsene, in den vielen Momenten, in denen sie sich falsch machte? Für alles Mögliche. Hm – Lisa wusste nicht so recht, wie sie das einordnen sollte. Gerade wollte schon wieder ihr Verstand die Führung übernehmen und ihr das Ganze als Hirngespinst vor Augen halten, da sprach die leise Stimme weiter.

„Lisa, ich werde dir jetzt erzählen, wie es ist, wenn Menschen unbewusst mit ihren Gedanken und Gefühlen unterwegs sind.

Ich möchte dich für einen Moment tief in dein alltägliches MenschSein hineinführen. In einen Tag in deinem Leben. Vielleicht auch nur in einen Augenblick. Stell dir vor, du sitzt an deinem Schreibtisch und sollst eine Entscheidung für oder gegen ein neues Projekt treffen. Du hast einen tiefen Impuls empfangen und du weißt ganz selbstverständlich, was nun zu tun ist. Die Entscheidung ist schon längst gefallen. Du weißt es einfach. Es wäre nun alles so leicht, wenn da nicht etwas ganz Altbekanntes geschehen würde.

Jetzt tritt jemand auf den Plan, der immer da ist. Diese Stimme in dir, die pausenlos mit dir redet. Meistens redet sie auf dich ein und erzählt allerlei Belangloses.

Doch jetzt plustert sie sich auf und macht sich richtig wichtig. Immerhin, du hast eine Entscheidung getroffen und willst sogar gleich – total inspiriert – ins Tun gehen. Voller Freude. Im Einklang mit dir selbst.

Doch das kann so leicht nicht sein. Die Stimme in dir redet und redet und zeigt auf und vergleicht. Sie mahnt, sie weist hin, sie belehrt, sie zweifelt, sie ist skeptisch. Sie ist einfach da und sie ist laut.

Sie zieht dich in ein totales Durcheinander hinein. Erinnere dich –

zu Beginn warst du noch ganz klar. Es erschien dir ganz einfach, so leicht. Du warst absolut im Einklang mit dir selbst.

In diesem Chaos, das nun herrscht, ist nur noch eines sichtbar und hörbar: die Stimme – diese laute Stimme, die immer und immer wieder auf dich einredet.

Jetzt möchte ich dir eine einzige Frage stellen:

Bist du bereit, dich dieser Stimme anzuvertrauen, auf sie zu hören (in guten wie in schlechten Zeiten), deine Entscheidungen von ihr abhängig zu machen und ihr ganz viel Raum in deinem Leben zu geben? So wie einem richtig guten Freund, dem du bedingungslos vertraust?

Antworte jetzt für dich ganz ehrlich.

Siehst du!

Wenn du wirklich ehrlich mit dir bist, dann ist es wenig erstrebenswert, einen guten Freund in Form von dieser Stimme zu haben. Richtig?

Und doch verbringst du tagein, tagaus Zeit mit ihr. Meistens unbewusst. Meistens im Sturm. Wenn die Sicht nicht klar ist – wenn die Schneeflocken wirbeln.

Diese Stimme spricht auch mit und in dir, wenn du angeblich mit etwas ganz anderem beschäftigt bist. Du liest ein Buch, du siehst fern, du unterhältst dich mit deinem Partner und da – klammheimlich ist sie da. ‚Hast du schon gesehen, der Nachbar hat ein neues Auto, wie der sich das nur leisten kann! So schön ist es eigentlich auch gar nicht. Oh Mist, die Haare wollte ich doch noch waschen – Mensch, warum habe ich das vergessen. Morgen früh habe ich keine Zeit. Der Mann von Ines ist so charmant und sieht auch noch gut aus. Und wir beide sitzen hier in der Jogginghose. Überhaupt könnte er mal wieder zum Friseur gehen! Wie er nur rumläuft ...`

Jetzt habe ich noch eine Frage für dich:

Erinnerst du dich, wie oft sich dann deine Gefühle verselbstständigen und dein Ausdruck auf einmal ein völlig anderer wird? Eben hast du dich noch richtig wohlgefühlt mit dir selbst und warst zufrieden und nun stellst du wieder vieles in Zweifel. Gerade hattest du noch eine angenehme Unterhaltung mit deinem Partner und auf einmal wird die Stimmung aggressiv. Das Gespräch wandelt sich. Wie aus heiterem Himmel.

Das ist die Illusion. Du hast dich von dieser Stimme vereinnahmen lassen. Du meinst, es ist die Wahrheit. Du bist im Glauben, dass das deine Realität ist.

Du schüttelst die Schneekugel.

Du packst deinen Koffer wieder voll – randvoll.

Was, wenn du jederzeit die Wahl hast? Bewusst wählen kannst?

Nochmals: Du bist nicht diese Stimme, diese Gedanken, diese Gefühle und schon gar nicht diese Geschichten.

Aber was bist du dann?

Beobachte dich. Sei du der Beobachter deines MenschSeins. Dann weißt du immer, wo du stehst und wann eine Auszeit wichtig ist. Wie im Gespräch, das sich plötzlich von gerade noch zugewandt, offen, liebevoll zu aggressiv, eng, hart wandelt.

Beobachte deine Gedanken, deine Gefühle!

Schaffe ganz bewusst Gedankenlücken mit der Frage: Was denke ich jetzt? Dann wird es ganz ruhig in deinem Kopf. Für einen Augenblick. Das ist sehr wohltuend. Gedankenlücken erlauben dir, dich neu wahrzunehmen.

Stelle deine Gedanken auf die Probe mit folgender Frage: Was wäre ich ohne diese Gedanken?

Jetzt erinnerst du dich mehr und mehr – du erwachst.

Nimm eine interessierte Haltung ein. Erkenne, wann immer du – vielleicht veranlasst durch diese aufdringliche Stimme in dir – die Gedanken zu etwas Festem und Unabänderlichem machst.

Immer dann verlässt du für einen Moment die Ebene der Schöpfung und verlierst dich in der Form. Die Form, die du dann einnimmst, ist dir aber viel zu eng. Bewusstsein, Schöpfung an sich strebt immer von der Form wieder zurück in das Formlose, in das

Fließende, das Freie, die Liebe. Du bist reines Bewusstsein und du bist ein Teil der Schöpfung.

Die feste Form, geprägt von Gedankenmustern und allem, was daraus resultiert, verliert für einen winzigen Moment die Erinnerung an den Ursprung. Sie meint absolut richtig zu sein und das Gegenüber muss das doch erkennen, sich verändern, gefälligst darauf reagieren!

Darum – beobachte dich. Reise mit leichtem Gepäck. Erinnere dich.

Wisse, du kannst jederzeit wieder im Formlosen erwachen. Du verlierst es nie. Und dann erkennst du genau das auch in deinem Gegenüber.

Was für ein Geschenk!

Du sprichst es aus – für dich – für die anderen: Ich erkenne in mir das Göttliche genauso wie in dir.

Du bringst in deinem Moment die Schneekugel in die Ruheposition. Der Sturm hat sich gelegt im Inneren. Nach und nach. Ganz selbstverständlich und vollständig. Es wird klar.

In dir. Ganz klar. Und du weißt: Alles ist da. Immer. Jetzt kannst du es sehen. Du erinnerst dich. Wieder.

Reise mit leichtem Gepäck!

Bewusstsein, Essenz und göttlicher Funke. Immerwährend. Ein Zusammenwirken par excellence. Immer dann, wenn du zur Seite trittst und dich nicht einmischt.

Ja, so ist es. Es gibt für dich als Mensch sehr viel weniger zu tun, als du immer meinst. Trete zur Seite und lass uns das Spiel als solches erkennen.

Du kannst alles SEIN. Immer und zu jeder Zeit. MenschSEIN mit ALLEM. Wenn du dich im Spiel selbst erkennst und aufhörst die Schöpfung im Sturm begreifen zu wollen.

Schöpfung lässt sich nicht begreifen. Sie ist ein Geschenk. Sie ist. Immer."

Lisa stand auf und trat ans Fenster. Ihr Blick schweifte in die

Ferne. Sie hatte geweint, sie hatte gelacht – heute Morgen an ihrem Küchentisch. Jetzt war sie aufgetaucht aus all diesen Wellen – sie selbst war in ihrer Ganzheit da. Ganz klar. Mit leichtem Gepäck.

Die Verbindung war wieder da. Die Verbindung zu ihrer inneren Stimme.

Sie erkannte, wohin sie ihre Sehnsucht geführt hatte. Es war ein solches Geschenk. Aufzuwachen aus der Illusion und sich zu erinnern, wer wir in Wirklichkeit sind.

Lisa wusste, dass die innere Stimme – diese tiefe Weisheit und Liebe – sie niemals verlassen würde. Denn es war ein Teil von ihr. Ihre Essenz. Ihre Seele.

Sie lächelte, drehte sich um, breitete ihre Arme aus und war bereit – bereit für den Tag, bereit für ihr Leben, bereit für ALLES.

SILVIA HEIMBURGER ist Autorin und Coach. Wenn sie nicht gerade Chili-Schokolade genießt, inspiriert sie Menschen dazu, sich an ihre Seelenweisheit zu erinnern und zum Schöpfer und zur Schöpferin ihres Lebens zu erwachen. Sie hat die Gabe, in ihren Begleitungen und Lesungen andere Menschen zu ihren eigenen tiefgehenden Erkenntnissen und Aha-Momenten anzuregen.

IHR GESCHENK für dich ist eine Besinnung auf das Wesentliche – Einmal „Mensch mit Allem" oder wie du dich daran erinnerst, wer und was du in Wahrheit bist: https://silviaheimburger.com/besinnung-auf-das-wesentliche/

VERKÖRPERUNGEN

VON DEINEM KÖRPER, SEINEM DRUMHERUM
UND DIR

Wenn Emotionen zur Belastung werden

von Heidi Rast

„WELCHE LAUS IST dir denn über die Leber gelaufen?"
„Da kommt mir die Galle hoch!"
„Gift und Galle spucken."
„Ich bin sauer." / „Das stößt mir sauer auf."
„Die Last auf den Schultern."
„Die Angst im Nacken."
„Da dreht sich mir der Magen um."
„Wie ein Schlag in die Magengrube."
„Das liegt mir im Magen."
„Da schnürt es mir die Kehle zu."
„Das hat mir das Herz gebrochen."
„Das hat mir den Atem geraubt."
„Das hat mir den Boden unter den Füßen weggezogen."
„Das hat ihn in die Knie gezwungen."
„Die Geschichte ist mir an die Nieren gegangen."
„Zerbrich' dir doch nicht den Kopf darüber!"
„Das habe ich noch nicht verdaut."
„Daran wirst du noch lange zu knabbern haben."

• • •

DU KENNST SICHER die meisten dieser Redewendungen, sie gehören sozusagen zu unserem Kulturgut. Daran erkennt man, dass nicht nur die alten Chinesen von den Zusammenhängen zwischen Emotionen und unserem Körper wussten, sondern dass auch unsere Vorfahren zumindest eine Ahnung davon hatten. In der Traditionellen Chinesischen Medizin (TCM) gab es genauere Aufzeichnungen darüber und noch heute geben die TCM-Ärzte und TCM-Therapeuten den Emotionen in Diagnose und Therapie einen wichtigen Stellenwert.

Es gibt so viele schöne Emotionen, Gefühle und Seins-Zustände: Freude, Spaß, Liebe, Geborgenheit, Sicherheit, Harmonie ... Aber auch nicht so schöne: Angst, Wut, Ärger, Unsicherheit, Hass, Neid, Eifersucht ... Sie gehören alle zu unserem Leben.

Emotionen und Gefühle sind Energien mit bestimmten Frequenzen. Scham hat die niedrigste Frequenz, Liebe die höchste. Je freier Energien in unserem Körper fließen können und je höher der Körper insgesamt schwingt, desto besser geht es uns – körperlich und psychisch.

Doch wenn wir in den belastenden – also negativen – Emotionen stecken bleiben, stecken wir insgesamt fest. Das kann sich auf viele verschiedene Arten zeigen: Schmerzen und andere körperliche Beschwerden, Angstzustände, Lernschwierigkeiten, Schlafstörungen, Erschöpfung, Energielosigkeit, Erfolglosigkeit, Beziehungsschwierigkeiten, ständige Nervosität, Versagensängste, schwaches Immunsystem, häufige Unfälle, psychisches Unwohlsein.

Wie kommt es, dass wir in so unangenehmen und belastenden Emotionen stecken bleiben? Dr. Bradley Nelson, ein Chiropraktiker aus den USA, hat herausgefunden, dass wir von Beginn unseres Lebens an Emotionen in Form von Energiebällen in unseren Körper einschließen. Ein Erwachsener hat ungefähr 350 eingeschlossene Emotionen.

Wenn man nun zum Beispiel viele Wut-Energiebälle eingeschlossen hat, so ist es nicht verwunderlich, dass man viel öfter wütend und ärgerlich reagiert als andere Menschen. Diese Person ist sozusagen in der Wut stecken geblieben bzw. schwingt auf der Frequenz von Wut. Andere stecken in ihren Ängsten fest, manche in Unentschlossenheit. Kennst du vielleicht jemanden, der sich nur schwer entscheiden kann? Hast du zum Beispiel einen Freund, der im Restaurant immer wieder die Speisekarte öffnet und schließt und noch immer nicht weiß, wofür er sich entscheiden soll, wenn der Kellner schon die Bestellung aufnimmt? Dieser Freund braucht sicher auch sehr lange, bis er sich entschließen kann, wohin er in den nächsten Urlaub fahren soll oder welches neue Auto er kaufen soll.

Nun, es gibt Schlimmeres. Wie schon erwähnt, stecken viele Menschen in der Wut fest und machen sich und anderen dadurch das Leben viel schwerer als notwendig. Und Ängste sind nicht nur äußerst belastend, sie sind außerdem große Blockaden, die uns daran hindern, im Leben voran zu kommen.

Bei den meisten Menschen gibt es eine ganz bunte Mischung an eingeschlossenen Emotionen. Wir schließen natürlich nicht alle Gefühle und Emotionen ein. Meist tun wir das, wenn wir uns entweder der Emotion gar nicht bewusst sind, sie vielleicht auch nur kurz verspürt haben, oder es passiert in einer signifikanteren Situation und wir können diese Emotion nicht richtig verarbeiten. Im ersten Fall können wir uns nicht an das genaue Erlebnis erinnern, wir wurden vielleicht von einem Lehrer oder einer Lehrerin zurechtgewiesen (Demütigung, Entmutigung, Hilflosigkeit, Verteidigungshaltung, Minderwertigkeit oder Scham) oder wurden beim heimlichen Naschen in der Küche erwischt (Schuldgefühl, Reue, Scham, Verteidigungshaltung). Im zweiten Fall können sich die Betroffenen sehr wohl an das Ereignis erinnern, oder zumindest die Zeit, in der sie die Emotion eingespeichert haben, weil die Situation oder die Lebensphase sehr belastend war.

Dr. Nelson hat eine Tabelle von insgesamt 60 Emotionen erstellt, mit deren Hilfe man die entsprechenden eingeschlossenen Emotionen zu einem bestimmten Thema – egal ob körperlich, emotional, psychisch oder auf eine bestimmte Lebenssituation bezogen – aufspürt, um sie dann löschen zu können. Dadurch kann die durch den Energieball bzw. die eingeschlossene Emotion blockierte Energie wieder frei fließen. In einer Sitzung werden mehrere dieser eingeschlossenen Emotionen gelöscht, der Klient fühlt sich erleichtert, körperliche Symptome können innerhalb kürzester Zeit gelindert werden und es stellt sich ein deutlich besseres psychisches Wohlbefinden ein.

Egal ob eingeschlossen oder nicht, belastende Emotionen machen Stress und erhöhen das Stresslevel in einem ungesundem Ausmaß. Daher ist wichtig, sich von ihnen zu befreien bzw. sie gar nicht erst so stark aufkommen zu lassen. Der Stress wiederum verursacht Schmerzen und Krankheiten. In meiner über 35-jährigen Tätigkeit als Physiotherapeutin musste ich sehr rasch erkennen, dass die körperlichen Beschwerden meiner Patient*innen ihre Hauptursache ganz oft woanders hatten als im körperlichen Bereich. Jedes körperliche Problem hat nicht nur eine Ursache, sondern immer mehrere, und eine emotional-psychische ist zumindest zu einem kleinen Teil immer dabei.

Man weiß zum Beispiel, dass Gastritis nicht nur ein Problem falscher Ernährung ist, sondern viel mit Stress und Sorgen zu tun. Aber auch mit Ärger, der der Leber zuzuordnen ist: „Das stößt mir sauer auf." / „Das macht mich sauer."

Das passt wieder zu dem Konzept der altslawischen Medizin, die die Ursache von Magenproblemen immer bei Leber und Gallenblase sieht. Und das Organ für Ärger, Wut, Zorn ist die Leber (die berühmte Laus, die einem über die Leber gelaufen ist). Bei Magenproblemen ist es also ratsam, nicht nur die Ernährung umzustellen, sondern sich auch zu fragen: „Habe ich mehr Stress als mir gut tut?" „Mache ich mir zu viele Sorgen?" „Habe ich zu viel Ärger?"

Und entsprechend der Antworten etwas dagegen zu tun. Einfache Tipps dazu gebe ich dir später noch.

• • •

AUCH BEI RÜCKENSCHMERZEN erkennen viele einen Zusammenhang mit Stress. Und tatsächlich ist es so, dass zu viel Stress die Spannung in unserer Muskulatur und in den Faszien erhöht. Und das tut auf Dauer nicht gut. Außerdem erkannte man, dass Faszien auf Stress mit Verfilzungen und Verklebungen reagieren. Durch die erhöhte Spannung in den Weichteilen kommt es zu einem ständig erhöhten Druck auf die Gelenke. Dies kann zu Arthrose und anderen Gelenksproblemen führen. Außerdem wird bei andauernd erhöhter Spannung das Gewebe nicht mehr so gut durchblutet und ernährt, die zu sehr gespannten Faszien sorgen außerdem für Druck und Reizung der kleinen Nervenendungen. All das macht sich letztendlich als Schmerzen bemerkbar. Stress machen hier oft zu große Belastungen („Die Last auf den Schultern" macht sich auch im Rücken bemerkbar), aber auch das Gefühl des „nicht unterstützt Werdens". Angst sitzt im Nacken (der dann schmerzt oder steif wird), schwächt aber auch die Nieren. Die wiederum hängen mit einem wichtigen Rückenmuskel im Lendenwirbelbereich zusammen – dem Quadratischen Lendenmuskel (Musculus Quadratus lumborum) – und mit dem Psoas-Muskel, der nicht nur der kräftigste Hüftbeuger ist, sondern auch ein wichtiger Rückenmuskel, von dem eine Großzahl der Rückenbeschwerden ausgehen, und der auch als Stress-Indikator gilt. Manchmal gibt es in der Vorgeschichte ein Erlebnis, von jemandem verraten worden oder zumindest enttäuscht worden zu sein. („Jemand ist mir in den Rücken gefallen.")

IN DEN LETZTEN Jahren haben die Faszien immer mehr an Bedeutung gewonnen – und das nicht zu Unrecht. Obwohl wir Physiotherapeut*innen und Osteopath*innen schon seit über 100 Jahren mit ihnen arbeiten und sie behandeln, gibt es erst seit ca. 15 Jahren zunehmend Wissenschaftler*innen, die sich mit diesem speziellen Gewebe befassen. Faszien sind kollagenes Bindegewebe, das nicht nur unseren gesamten Körper unter der Haut umspannt, sondern auch einzelne Körperstrukturen, wie die Muskeln, Organe und Nerven. Sie geben unserem Körper nicht nur Form und Halt, sondern sorgen auch dafür, dass sich alle Teile geschmeidig gegeneinander bewegen lassen. Und sie haben eine erstaunliche Eigenschaft: sie reagieren nicht nur sehr stark auf Emotionen, sie speichern diese auch ab, besonders wenn ein Trauma nicht verarbeitet wurde, wie zum Beispiel Budiman Minasny und viele weitere Expert*innen erkannt haben.

Diese können teilweise durch Bewegung wieder gelöst werden, auch bei verschiedenen manuellen Therapieformen wie zum Beispiel der Myofaszialen Triggerpunkt-Therapie kommt es oft zu einem Emotional Release, also einer emotionalen Freisetzung.

Emotionen und Gefühle beeinflussen außerdem über die Muskulatur und Faszien sehr stark unsere Körperhaltung. „Emotionen haben eine unsägliche Kraft und sie formen unseren Körper sehr viel mehr als jede Vernunft es je zustande bringen könnte", schreibt der Heilpraktiker Peter Schwind in seinem Buch *Faszien – das Gewebe des Lebens*.

FASZIEN UMSPANNEN AUCH unsere Organe und man erklärt anhand ihrer Reaktion auf bestimmte Emotionen die anfangs genannten Sprichwörter. Denn erhöht sich die Spannung der Faszie durch eine dem Organ zugeordnete Emotion, kann sich das Organ nicht mehr so gut bewegen und wird auch nicht mehr optimal durchblutet. Ist dies über einen längeren Zeitraum der Fall, wird auch die Funktion des Organs eingeschränkt.

AUCH BEI UNFÄLLEN und Verletzungen gibt es sehr oft eine Vorgeschichte, die mit Emotionen und Stress zu tun hat. Du denkst vielleicht, das vordere Kreuzband in deinem linken Kniegelenk ist einfach gerissen, weil du beim Schifahren gestürzt bist. Oder du hast dir den Unterarm gebrochen, weil du auf einer Eisplatte ausgerutscht bist. Aber wie oft bist du schon schlimmer gestürzt und hast dich nicht verletzt bzw. hattest nur ein paar blaue Flecken? Wie viele andere Schifahrer*innen hast du schon stürzen gesehen – auch schlimmer – und sie sind aufgestanden, haben sich die Schi wieder angeschnallt und sind weiter gefahren? Der Grund dafür ist die Vorgeschichte. Möglicherweise hattest du schon vor der Knieverletzung beim Treppensteigen leichte Schmerzen in dem Knie, hattest in der Zeit auch Angst um deinen Job oder leidest schon seit Jahren an Angstzuständen, oder du bist ein paar Monate vor dem Sturz beim Schifahren mal mit dem Fuß überknöchelt und hast dich beim Schifahren sehr unsicher und ängstlich gefühlt. Angst belastet die Nieren, diese haben in der TCM einen direkten Zusammenhang mit den Knien.

Oder am Beispiel Armbruch: du hattest davor immer wieder Nackenverspannungen, hattest große finanzielle Probleme, die dir wie eine Last auf den Schultern lagen. Du siehst also: wie schwer und wo die Verletzung ist, hat nicht nur unmittelbar mit dem Unfall zu tun. In der Vorgeschichte stehen sehr oft belastende Emotionen am Anfang. Dr. Nelson beschreibt sie als Energieball eingeschlossener Emotionen, ich selbst erkläre als Physiotherapeutin meinen Patient*innen, dass das Gewebe (vor allem die Faszien) nichts vergisst. Alle Emotionen und Traumata werden abgespeichert. Und diese Abspeicherungen belasten unsere Faszien, Muskeln und unser Bindegewebe. Das verursacht schlechtere Flexibilität, verminderte Durchblutung und damit verminderte Ernährung des Gewebes. Dies erhöht wiederum die Verletzungsanfälligkeit und kann Schmerzen verursachen.

Aber auch eine zweite Rolle spielen Emotionen: negative Gefühle und Empfindungen machen zu viel Stress und dies führt zu einer ungesunden Spannungserhöhung in den Muskeln und Faszien. Zu hohe Spannung in diesen Weichteilen verursacht wiederum erhöhten Druck auf die Gelenke, Schmerzen, Steifheit und Schwäche.

Und es gibt noch viel komplexere Vorgänge in unserem Körper, die zeigen, wie wichtig es ist, sich von negativen Emotionen zu befreien. So wird auch beschrieben, dass es bei psychischen Belastungen zur vermehrten Ausschüttung des Stresshormons Kortisol kommt. Die Autoren erklären in *Lehrbuch Faszien* von 2021, dass dies die Heilung und Regeneration des Fasziengewebes verlangsamt oder sogar verhindert.

Im asiatischen Raum, vor allem in der TCM, kennt man Zusammenhänge zwischen Emotionen und Organen und zwischen Organen und Gelenken, wie ich schon am Beispiel des verletzten Kniegelenks gezeigt habe. Befreit man sich von den belastenden Emotionen, tut man also seinem Körper insgesamt etwas Gutes und kann sein allgemeines Wohlbefinden steigern.

Wie kann man das nun selbst machen? Ich stelle hier zwei verschiedene Methoden vor, die man auch gut kombinieren kann. Ich wende sie täglich bei mir und meinen Patient*innen und Klient*innen an. Sie sind einfach und sehr hilfreich.

DAS FINGERSTRÖMEN

Im Jin Shin Jyutsu, dem japanischen Heilströmen, gibt es eine Modalität, die eine wunderbare Selbsthilfe-Anwendung ist: das Fingerströmen.

Jeder Finger verkörpert ein Element aus der Traditionellen Chinesischen Medizin. Strömt man nun diesen Finger, führt man dem entsprechenden Element mit seinen Organen Energie zu und lindert gleichzeitig die dazugehörigen negativen Emotionen bzw. löst sie bestenfalls auf.

Wie strömt man nun einen Finger? Man umschließt ihn mit den Fingern der anderen Hand ganz sanft. Am besten so, dass seine Fingerspitze ganz bedeckt ist. Im Idealfall macht man das solange, bis der Finger zu pulsieren beginnt, man gähnen oder seufzen muss oder sonst irgendwie spürt, dass es genug ist. Manchmal dauert das schon 10 Minuten. Danach wechselt man die Seite. Wenn du nicht so viel Zeit hast, macht es nichts, besser du strömst nur kurz als gar nicht. Es ist gut, wenn man sich dafür Ruhe und Zeit gönnt, aber auch während des Fernsehens tut das Strömen seine Wirkung. Ich mache es auch gerne, während ich mich mit jemandem unterhalte, beim Einschlafen oder wenn ich mit der U-Bahn fahre. Man muss einfach nur beide Hände frei haben.

Hier die einzelnen Anwendungen:

Daumen

Der Daumen steht für das Element Erde mit den Organen Milz und Magen. Die dazugehörenden Emotionen sind Sorgen, Grübeln, Nervosität, Überspanntheit und allgemein zu viel Stress.

Wenn du also ein sorgenvoller, grüblerischer Mensch bist, dann ströme viel deine Daumen.

Wenn du abends nicht einschlafen kannst, weil die Gedanken in deinem Kopf nicht aufhören zu rattern, du dir über dies und das Sorgen machst, dann ströme deine Daumen.

Außerdem sorgt das Strömen des Daumens für Ausgeglichenheit (in seiner Mitte sein), mehr Lebenslust und Lebensfreude, mehr Kreativität und Produktivität.

ZEIGEFINGER

Der Zeigefinger steht für das Element Wasser mit den Organen Niere und Blase. Die dazugehörenden Emotionen sind: Angst, Unsicherheit, sich nicht unterstützt fühlen, Kraftlosigkeit, Entsetzen.

Wenn du also unter Ängsten leidest, dich schwach und energielos fühlst oder gerade ein sehr unangenehmes Erlebnis hattest, dann ströme deine Zeigefinger. Das ist auch besonders gut vor einem wichtigen Gespräch oder einem Auftritt.

Auch gut zum Einschlafen.

· · ·

MITTELFINGER

Der Mittelfinger steht für das Element Holz mit den Organen Leber und Gallenblase. Die dazugehörenden Emotionen sind Wut, Ärger, Zorn, Unentschlossenheit, Schuldgefühl, Hass, Frustration, Niedergeschlagenheit.

Jedes Mal, wenn du Ärger hattest, ströme gleich die Mittelfinger. Vor allem, wenn du den Ärger unterdrücken musstest. Das Strömen des Mittelfingers kannst du routinemäßig abends machen, um die kleinen, oft unauffälligen Ärgernisse des Tages loszuwerden.

Das Strömen des Mittelfingers ist außerdem hilfreich bei Unausgeglichenheit, Minderwertigkeitsgefühlen und um das Selbstvertrauen und die Selbstsicherheit zu stärken.

Auch das Strömen des Mittelfingers kann beim Einschlafen helfen: vor allem, wenn du viele Ärgernisse in deinem Tagesablauf hattest.

Ringfinger

Der Ringfinger steht für das Element Metall mit den Organen Lunge und Dickdarm. Die dazugehörenden Emotionen sind: Traurigkeit, Trauer, Entmutigung, Sturheit.

Beide Organe haben Bezug zu Aufnehmen/Empfangen und Abgeben/Loslassen. Wenn du also sowohl auf emotionaler als auch materieller Ebene damit ein Thema hast, ströme deine Ringfinger. Außerdem kann dir das Strömen des Ringfingers helfen, mehr Klarheit über eine Situation zu bekommen.

KLEINER FINGER

Der kleine Finger steht für das Element Feuer mit den Organen Herz und Dünndarm. Die dazugehörenden Emotionen sind: Liebe und alles, was damit zu tun hat, also auch unerwiderte Liebe, Liebeskummer; Aussichtslosigkeit, Verlorenheit, Einsamkeit, Kummer, Herzschmerz.

Das Strömen des kleinen Fingers hilft bei allem, was dir ans Herz geht, und wenn du das Gefühl hast, dass du dir vergeblich Mühe gibst. Es kann auch helfen, Entscheidungen zu treffen, vor allem solche, die du besser mit dem Herz triffst.

DU KANNST AUCH Finger gleichzeitig strömen:

Wenn du zum Beispiel traurig bist über den Verlust eines geliebten Menschen, dann ströme den Ringfinger (Trauer) und den kleinen Finger (Liebe, Herzschmerz) gleichzeitig.

Machst du dir Sorgen und bist über etwas beunruhigt: Daumen und Zeigefinger.

Machst du dir Sorgen um deinen Job und kannst die Gedanken daran nicht loslassen: Daumen und Zeigefinger.

Musst du einen Vortrag halten und fühlst dich nicht gut genug dafür: Zeigefinger und Mittelfinger.

DU KANNST beim Fingerströmen aber auch ganz intuitiv vorgehen. Ströme einfach den Finger bzw. mehrere Finger so, wie es sich für dich gut anfühlt. Du kannst dabei nichts falsch machen. Du musst es nur tun. Es gehört auch ein bisschen Übung dazu. Aber glaube mir, es ist es wert!

———

HEIDI RAST ist seit über 35 Jahren Physiotherapeutin mit eigener Praxis. Als Energetikerin hilft die zweifache glückliche Mutter mit Skype-Sessions und Fernbehandlungen Menschen in allen Lebensbereichen, besonders gerne Familien mit Kindern und Jugendlichen. Sie lernt immer gerne Neues dazu, vor allem von Energiemedizinern aus vielen verschiedenen Ländern.

IHR GESCHENK an dich ist das E-Book „Gesundheit in deinen Händen": http://bit.ly/3uzukF3

Der Erdenanzug

Von Liane Nova

ICH BEFINDE mich im unendlichen Raum und genieße die Weite des Seins, die ich zur Verfügung habe. Ich beschließe gerade, eine neue Erfahrung zu machen.

Erdenerfahrung heißt diese.

Dafür mache ich mich ein wenig schlau, was solch eine Erdenerfahrung mit sich bringt und wie ich mich am besten darauf vorbereite, einen Erdenanzug zu tragen.

Auf der Erde nennen sie den Erdenanzug Körper. Ich erfahre, dass es ganz wichtig ist, diesen Körper mit meiner Energie, meiner Essenz zu bewohnen und auszufüllen, denn das ist die Voraussetzung, ein glückliches, lebendiges, genussvolles, erfreuliches Leben in diesem Erdenanzug zu erleben.

Im Moment kann ich mit dem Begriff Erdenanzug oder Körper nicht allzu viel anfangen.

Es klingt auf jeden Fall spannend, aufregend. Das ist sicher ein Abenteuer, einen solchen Erdenanzug zu bewohnen. Dabei gibt es zwei unterschiedliche Arten, einen männlichen und einen weiblichen Erdenanzug, die beide ähnliche wie auch ganz unterschiedliche Eigenschaften aufweisen.

Interessant, wo ich im Moment in meiner Welt doch alles als Eins und als verbunden mit anderen unendlichen Wesen erfahre und in jeder Begegnung mit einem anderen Bewusstsein oder Wesen einen neuen spannenden, bisher unentdeckten Aspekt erfahre.

Der weibliche Erdenanzug sei ein wenig komplexer und vielschichtiger als der männliche Erdenanzug. Ganz spontan wähle ich für meine Erdenerfahrung den weiblichen Erdenanzug. Ich liebe Herausforderungen!

Ich bekomme all die Informationen, wie so ein Erdenanzug zu bedienen ist. Das ist ja eine geniale Konstruktion und was das alles für Funktionen hat und was ich da alles erleben kann!

Abschließend bekomme ich einen Hinweis. All das, was du jetzt an Information bekommen hast, wirst du vergessen. Die Erdenanzug-Erfahrung wird wahrscheinlich so intensiv sein, dass deine Erinnerung daran, was du BIST, mit der Zeit verblassen wird.

WIE BITTE, ich werde alles VERGESSEN? Es ist in diesem Moment unvorstellbar, alles zu vergessen.

Du kannst dich jedoch daran erINNERN ☺

Das Erste, woran du dich erINNERN solltest: Bewohne deinen Körper

Bewohne deinen Erdenanzug vollständig: Lasse deine Energie, dein Bewusstsein in alle Erdenkörperbereiche einfließen, denn das erschafft eine innige Verbindung zwischen deinem Erdenanzug und deinem energetischen SEIN. Es aktiviert gleichzeitig deinen Ganzkörperenergiefluss und du regenerierst dadurch deinen Körper immer wieder aufs Neue.

Die Schlüssel dazu sind deine Aufmerksamkeit und dein Atem. Du als deine feinstoffliche Essenz begleitest jeden Atemzug in deinem Körper.

In deinem Erdenanzug ist atmen ganz selbstverständlich und wird im Alltag gar nicht beachtet. Du bemerkst deinen Atem erst, wenn dich etwas erschreckt und du den Atem anhältst oder extrem oberflächlich zu atmen beginnst. Dann kommt dein Körper in einen ziemlichen Stress. Solltest du zu lange und zu häufig vor dem Computer oder auf der Couch sitzen und du gehst ausnahmsweise mit deinen sportlichen Freunden und Freundinnen auf einen Berg, wirst du sehr schnell deinen Atem bemerken.

Deine Aufmerksamkeit ist ein ganz besonders Gut und hart umkämpft.

Durch deinen Körper erfährst du auf der Erde eine Innen- und eine Außenwelt. Außenwelt ist alles, was außerhalb deines Körpers ist. Deine Aufmerksamkeit ist hauptsächlich mit dem beschäftigt, was du in der Außenwelt siehst und hörst. Es können Menschen wie auch Medien sein, zu denen deine Aufmerksamkeit fließt. Schwuppdiwupp hat deine Aufmerksamkeit deinen Körper verlassen. Das fühlt sich trotz all der aufregenden Informationen, die du bekommst, innerlich leer an.

Die Kunst ist es, mit deiner Aufmerksamkeit in deinem Erdenanzug und feinstofflichen Körper zu verweilen und aus dieser Verbundenheit heraus mit der Außenwelt zu interagieren.

Das Zweite, woran du dich erINNERN solltest: Stelle Fragen

Dein energetisches Wesen, das immer eingebettet ist in das allumfassende SEIN, hat all die Informationen zur Verfügung, wie du deine Erdenerfahrung als eine genussvolle, erkenntnisreiche, spannende, leichte Lebensreise erleben kannst.

Der Zugang zu diesem Wissen eröffnet sich dir durch die Fragen, die du an das allumfassende SEIN stellst.

Du bekommst einen Diener an deine Seite gestellt, der sich auf der Erde Verstand nennt. Seine Aufgabe ist es, sich auf dein energetisches Sein auszurichten, um all die Impulse und Inspirationen auch über deinen Erdenanzug oder Körper zu empfangen und ein grandioses Erdenleben zu ermöglichen.

Aber Achtung, leider wird der Verstand auf Erden missbräuchlich verwendet und entwickelt sich dadurch sehr oft vom Diener zum Diktator.

> Das Dritte, woran du dich erINNERN solltest: Du bist ein Schöpferwesen und bestehst aus reiner Energie

Nichts ist unmöglich oder alles ist veränderbar. Je nachdem, welche Erdenerfahrung du dir ausgesucht hast, erfährst du in deinem Erdenanzug vielerlei Begrenzungen unterschiedlichster Art, die dich auffordern, dich mit deiner schöpferischen Kraft zu verbinden, um alle (scheinbaren) Begrenzungen zu überwinden. Du wirst immer von deiner Essenz, deinem Schöpferwesen unterstützt und genährt …

Der erste Zwischenstopp auf deiner Reise ist die Erdenberatungsstelle. Dort kannst du dir aus Millionen von Erlebnissen diejenigen auswählen, die du gerne erleben möchtest. Du kannst dich auch gerne beraten lassen. Zurzeit ist diese gut besucht und es wird Wartezeit geben. In den farbigen, leuchtenden Warteräumen kannst du dich mit anderen schon vorher austauschen und eventuell mit einigen verabreden, was ihr gemeinsam erleben möchtet.

Dann geht die Reise weiter Richtung Erdatmosphäre zu deinem kleinen Erdenanzug. Das wird eine explosive, intensive Erfahrung mit vielen unterschiedlichen Wahrnehmungen.

Dort angekommen wird es dir in deinem kleinen Erdenkörper viel, viel zu eng sein und du wirst es lieben, in deinen energetischen Körper einzutauchen und dort zu verweilen. Du wirst immer wieder durch die Bedürfnisse deines kleinen Erdenanzugs erinnert, auch den kleinen Körper zu bewohnen. Sehr oft magst du den kleinen Babyerdenanzug überhaupt nicht bewohnen. Dieser Widerstand erschafft eine ziemliche Spannung zwischen dem Erdenanzug und deinem energetischen Körper. Das kann dich dein ganzes Leben begleiten.

• • •

LOS GEHT'S in Lichtgeschwindigkeit zur Erdenberatungsstelle. Wie schon angekündigt gibt es hier viele, viele Starseeds, die wie ich Lust auf eine Erdenerfahrung haben. In diesen wunderschönen, in allen Regenbogenfarben schillernden, leuchtenden Räumen kommuniziere ich mit vielen Starseeds, wobei ich mich mit einigen für eine längere oder kürzere Erfahrung verabrede. Da es hier nur Zeitlosigkeit sowie viele unterschiedliche telepathische Kommunikationsformen gibt, geschieht der Austausch für Erdenbegriffe in kürzester Zeit.

Voller Elan und Vorfreude auf all meine Erfahrungen reise ich weiter zu diesem wunderschön blaugrün glitzernden Planeten, um mich mit meinem Erdenanzug zu verbinden. Vorher halte ich noch einen Moment inne, um seine majestätische Schönheit in mir aufzunehmen. Von diesem ersten Augenblick an liebe ich diesen Planeten mit einer Innigkeit, die unvergleichbar ist.

Ich nähere mich, während ich noch voller Freude einige Pirouetten schwinge, diesem wunderschönen Planeten und von einer Sekunde auf die andere wird alles so intensiv, dass ich am liebsten sofort zurück in den weiten Raum möchte.

Der Sog in den kleinen Erdenanzug genannt Baby ist jedoch größer und ein winzig kleiner Teil von mir befindet sich schon darin. Gleichzeitig bin ich jedoch auch außerhalb und beobachte, was geschieht. Es ist um sooo vieles intensiver, und mit menschlichen Worten würde ich es als schmerzvoller und unangenehmer beschreiben, als ich es mir in der Weite meines Seins je vorstellen konnte.

Alles strömt gleichzeitig auf mich ein: Laute Stimmen, die unterschiedlichen Geräusche von Gegenständen, eine Helligkeit, die mich blendet und die in meinen Augen sticht, etwas Kaltes und Steriles, das flackernde Leuchten einer Notfalllampe, das Getuschel von Menschen im Hintergrund, eine ängstliche, schwache Stimme, der Befehlston eines Mannes, ein Schreien ein bisschen weiter entfernt, ein unerträgliches Ziehen an meinem Kopf, eine unaushaltbare Enge, ein kaltes Baumwolltuch an meiner Haut, ein Schlag auf meinen Hintern, der Druck im Hals, viele unterschiedliche Gerüche. Das

Gebilde Körper, in dem sich ein Teil von mir befindet, zuckt und windet sich, gleichzeitig ist es eiskalt. Ich möchte sofort zurück!

Und schwuppdiwupp wird mein Babykörper in die Höhe genommen und eingewickelt mit den Worten: „Oh, ein Mädchen!"

Ich spüre gleichzeitig viele unterschiedliche Gefühle wie Begeisterung, Zurückhaltung, Enttäuschung, Erstaunen und im nächsten Moment eine wohlige Zuneigung, als mein Babyerdenanzug an einen großen Erdenanzug gelegt wird. Mein kleiner Babyerdenanzug entspannt sich und ein großer Anteil von mir dehnt sich aus und wünscht sich wieder zurück. Ich bin in einem Zwischenzustand, ein bisschen im Babyerdenanzug und ganz viel von mir ist ausgedehnt. Ich bemerke, dass ich damit auf Reisen gehen kann. Das fühlt sich gleich schon viel besser an, farbige Räume zu beschreiten, auf Klängen zu schweben und im Raum schwerelos zu tanzen. Von einem Moment auf den anderen spüre ich einen Sog und es wird gleich wieder sehr unangenehm. Der Babyerdenanzug windet sich und schreit lauthals. Darin soll ich jetzt wohnen? Unmöglich, hier ist es viel zu eng! Ich verziehe mich sofort wieder und bleibe nur mit einem klitzekleinen Anteil von mir da. Der Babyerdenanzug, der Zoe heißt, schreit noch lauter, je weiter ich mich wegbewege. Ich erinnere mich, dass es wichtig ist, sich mit dem Babyerdenanzug zu verbinden. Der Babyerdenanzug genannt Zoe wird gleich ruhiger und entspannt sich ein bisschen.

Das ist nun mein Aufenthaltsort für die nächsten Jahre.

Zoe wird hochgehoben und in die Arme des großen Erdenanzuges gelegt, der meine Mutter ist. Als ob Zoe wüsste, was zu tun ist, sucht sie mit ihrem Kopf die Brust der Mutter, findet diese und beginnt zu nuckeln. Dabei beruhigt sich der ganze kleine Körper noch mehr. Das ist aber interessant zu erfahren. Für Zoe ist es gleich viel angenehmer zu erleben, dass diese warme Flüssigkeit und Wärme der Mutter ihr soviel mehr Raum eröffnet. Ich als energetisches Wesen kannte diese Form von Nahrung aus meiner vorherigen Dimension nicht. Ich erinnere mich, dass ich in meiner vorherigen

Dimension viele unterschiedliche Energien zur Verfügung hatte, durch die ich mich bewegte und die mein Sein erweiterten. Hier ein paar Beispiele: Freude fühlte sich wie viele kleine Champagnerperlen an, die im Sonnenschein glitzerten und tanzten. Freiheit fühlte sich unendlich, weit und sehr lebendig an. Stille war der pure Genuss, in dem alles existierte und ganz zart und fein als warmer Strom vor sich hin pulsierte. Leichtigkeit war wie ein Tanz auf vielen regenbogenfarbenen Wolkenfelderschichten. Möglichkeiten waren wie leuchtend hell vibrierende Energielinien. Ach, war das herrlich.

Doch jetzt bin ich hier mit diesem Babybody verbunden, der den Namen Zoe trägt, und bin schon sehr neugierig auf all die Erfahrungen damit. Es ist alles so anders, als ich es mir in der Weite meines Seins vorgestellt habe. Der Erdenanzug = Babybody mag es, wenn ich hier und mit ihm verbunden bin.

In diesem kleinen Erdenanzug erlebe ich mit Zoe viele unterschiedliche Energien, die in Erdenworten als Liebe, Ärger, Wut, Verzweiflung, Angst, Geborgenheit, Zuversicht, Sorge, Anerkennung und vielen mehr beschrieben werden. Sorgt sich Zoes Mutter um ihre Mutter, Zoes Oma, und atmet nur mehr ganz oberflächlich, so reagiert der Babykörper wie eine Stimmgabel und macht das gleiche. Streiten sich Zoes Eltern, so rauscht dieselbe Energie durch ihren Körper und sie beginnt zu schreien. Lieben sich ihre Eltern, so schmilzt in ihrem Babykörper jegliche Spannung und sie gluckert vor Freude. Das gleiche erlebt sie mit Menschen, die in ihrer Umgebung sind, wenn auch in einer etwas verminderten Intensität.

Gleichzeitig spürt sie ihr feinstoffliches Wesen, fühlt sich dadurch genährt und ist wieder schnell in ihrer Mitte.

NACH ETWA ZWANZIG Monaten bekommt Zoe ihren Diener, den Verstand an die Seite, dessen Aufgabe es ist, seine Aufmerksamkeit auf ihr unendliches energetisches Wesen auszurichten und von dort Information zu bekommen. Das klappt zu Beginn wunderbar. Zoe ist so neugierig und hat Lust, ihre Umwelt auf vielen Ebenen zu entdecken. Der Verstand empfängt Impulse, die er sogleich umsetzt.

Mit den Händen in der Erde zu graben und sich damit zu beschmieren. Alles zu kosten, um die unterschiedlichsten Geschmacksrichtungen zu erleben. Ihren Körper zu dehnen, zu recken und zu strecken. Liebkost zu werden. Mit anderen Babykörpern zu spielen.

Ihr Leben ist herrlich und es gibt jeden Tag Neues zu entdecken. Juhu, was für eine geniale Erdenerfahrung.

ZWEI, drei Jahre später hat ihr Verstand viele Informationen gesammelt und begonnen Meinungen von anderen Menschen zu übernehmen und für richtig zu halten. Diese Meinungen unterscheiden sich sehr stark von den Impulsen ihres energetischen Wesens. Für Zoe ist es ganz natürlich, mit ihren unsichtbaren Freunden und Freundinnen zu spielen und zu sprechen. Ihr Verstand hat sehr oft gehört, das sei alles eine blühende Phantasie und Einbildung, und dass es in ihrem Alter nun an der Zeit ist, damit aufzuhören. Jedes Mal, wenn sie mit ihren unsichtbaren Freunden und Freundinnen kommuniziert, sagt ihr Verstand, das stimmt nicht, und so beginnt sie mehr und mehr, diese ihr sehr vertraute Welt zu verlassen.

UND DIESE ERSTEN SCHULJAHRE. Zoe liebt es, sich zu bewegen. Für einen Außenstehenden mag das ungewöhnlich aussehen, für sie ist es der reinste Genuss. Mit ihren Bewegungen, die Tanzschritten ähnlich sind, bekommt sie immer wieder viel mehr Energie und Lebensfreude. Das muss sie von einem Tag auf den anderen alles sein lassen. Gibt sie ihrem Impuls nach Bewegung nach, wird sie sogar bestraft. Da sie keine Schläge mit dem Lineal auf ihre Finger und nicht mehr in die Ecke gestellt und ausgelacht werden möchte, hört sie im Laufe der Zeit auf, sich auf diese Art und Weise zu bewegen.

Die Aufmerksamkeit ihres Verstandes richtet sich mit jedem Lebensjahr mehr und mehr auf das, was dieser in der Außenwelt bemerkt, sieht und hört, nicht mehr auf das unendliche energetische Wesen. So wandelt er sich immer mehr von einem Diener zu einem Diktator und da dies ein schleichender Prozess ist, bemerkte Zoe das nicht einmal.

VIELE, viele Jahre später. Es ist 1.30 morgens, Zoe liegt in ihrem Bett, wälzt sich unruhig hin und her und starrt schon mehr als zwei Stunden an die Decke. Dass sie erst nach einer halben Stunde einschlafen kann, geht jetzt schon seit fast einem Jahr. Heute ist es besonders intensiv und unangenehm. Zoe ist einerseits erschöpft und andererseits innerlich unruhig, aufgewirbelt. 1000 Gedanken bewegen sich chaotisch durch ihren Kopf. Nächste Woche ist ihr 48. Geburtstag. So hatte sie sich ihr Leben nicht vorgestellt!

Eine intensive Unzufriedenheit wallt durch ihren Körper, wodurch sie noch wacher wird.

Im Bett ist es nicht mehr auszuhalten, so steht Zoe auf und umhüllt sich mit ihrer Lieblingskuscheldecke, legt sich auf die Couch und nimmt ein Buch zur Hand, um sich abzulenken. Sich auf den Inhalt des Buches einzulassen ist mit diesem Gedankenwirrwarr nicht möglich, sie legt es nach ein paar Minuten gleich wieder zur Seite. Ok, so funktioniert das nicht, dann hilft vielleicht ein Film. Gesagt, getan, sie schnappt sich ihren Computer, scrollt durch die neuesten Filmangebote von Netflix und zippt hektisch von einem Film zu einem anderen. Nichts spricht sie so wirklich an. Bei einem Sciencefiction-Action-Film bleibt sie hängen. Der Film ist spannend, nimmt sie mit und so taucht Zoe in den Film ein. Doch nach einer halben Stunde drängt sich wieder diese intensive Unruhe in den Vordergrund, die sie auch als Knoten im Solarplexus spürt. Normalerweise funktioniert es wunderbar, sie mit einem Film abzulenken, heute jedoch nicht.

Zoe springt auf und rennt wie ein eingesperrter Tiger im Wohnzimmer auf und ab, um endlich diesen inneren Druck loszuwerden. Der Druck wird immer größer, sie schnappt sich ihre Jacke, zieht Hosen an und läuft ins Freie. In der kleinen Stadt, in der sie wohnt, ist es still, so beginnt sie zu laufen und ist innerhalb kürzester Zeit außer Atem, worüber sie innerlich verzweifelt. Früher rannte sie wie eine Antilope und heute nur die paar Meter. Auch das klappt nicht, um die innere Anspannung und Unruhe abzubauen. Zoe fällt jetzt noch Alkohol ein, damit könnte es klappen. Sie macht sich wieder auf den Heimweg. Dort angekommen steht sie vor ihrem Schrank und überlegt, welches Getränk sie am schnellsten ausknockt und womit sie am Morgen nicht ganz so gerädert ist.

Sie greift zur Flasche und hört plötzlich ein lautes NEIN. Sie erschrickt zutiefst, sodass ihr fast die Flasche aus der Hand fällt. Sie schaut sich um. Es ist natürlich niemand da. Sie zittert innerlich und stellt die Flasche zurück. Ihre Gedankenflut ist aufgrund des lauten „NEIN" unterbrochen und sie hat wacklige Beine. Also zurück auf die Couch. Auf dem Weg dorthin taucht ein geflüsterter Gedanke auf: Schreib alles auf, womit du unzufrieden bist. Zoe schnappt sich einen Block und beginnt zu schreiben.

Die Worte fließen nur so auf das Papier und Zoe ist erstaunt, was alles zum Vorschein kommt. Die 20jährige Ehe mit ihrem Mann, die vor zwei Jahren zur Scheidung führte. Wo sie das Gefühl hatte, Mark und sich selbst nicht mehr zu kennen, so wie sie miteinander umgingen. In den letzten Jahren machten sie sich nur mehr gegenseitig Vorwürfe. Sie dachte das Kapitel wäre abgeschlossen, doch als sie alles aufschreibt wird ihr bewusst, dass eher das Gegenteil der Fall ist.

Ihr Körper, der an vielen Stellen schmerzt und unbeweglich geworden ist. Ihr angespannter Nacken, wo sie immer wieder Migräne bekommt. Das Bäuchlein, das gewachsen ist und sie in so manche Hose nicht mehr hineinkommen lässt. Die T-Shirts, die zu eng geworden sind. Die Falten in ihrem Gesicht. Die Kurzatmigkeit, die Schmerzen im unteren Rücken, sodass sie das Bücken immer öfter verweigert. Ihre Verdauung, die nicht mehr funktioniert, sie ist die meiste Zeit verstopft. Ihre Ernährung, die zu 70 % aus Süßem besteht.

Ihr Beruf, von dem sie gerade so leben kann, der sie nicht stört, ihr aber auch keine Freude bereitet. Ihr Bankkonto, das ein Minus aufweist. Dass sie neidisch auf Freundinnen ist, die es geschafft haben, die erfolgreich sind.

Die Sehnsucht nach dem Austausch mit ihrer Tochter, die im Ausland wohnt und mit der sie nur ganz selten Kontakt hat. Sie versucht es allen und jedem recht zu machen, um gemocht zu werden, und verausgabt sich dabei völlig. Dieses Hamsterrad, immer etwas tun zu müssen, ist so ermüdend.

Immer wieder lehnt sie sich zwischendurch zurück und dabei tauchen flüchtige Erinnerungen aus ihrer frühesten Kindheit auf. Wie sie selbstvergessen mit ihren imaginären Freunden und Freundinnen spielte und dabei vollkommen glücklich war. Wie sie es liebte, auf Bäume zu klettern, ihren Körper zu spüren, zu springen und zu tanzen. Wie sie mit sich selber vollkommen zufrieden war, ohne ersichtlichen äußeren Grund. Wie sie neugierig war, was sie an diesem Tag wieder Neues entdecken konnte. Wie sie es liebte, sich selbst zu spüren. Wo war das alles? Kann das sein, dass dies für immer unwiederbringlich verschwunden ist? Welche Möglichkeiten gibt es, diese Lebensfreude, das GlücklichSEIN, das immer eine neue Idee haben, etwas Neues kennenzulernen, sich wieder selber zu lieben (mögen) wieder in ihr Leben zu bringen?

Das sind alles Fragen, die sie sich während des Schreibens stellt. Je mehr sie schreibt, desto mehr erkennt sie, dass etwas in ihrem Leben ganz und gar nicht stimmt.

Eines ist jetzt ganz klar, schon lange spürte sie sich selbst nicht mehr, diese ursprüngliche Lebendigkeit, an die sie sich jetzt erinnert.

Mit diesem Erkennen bemerkt Zoe, wie sie innerlich aufatmet, es ein wenig leichter und heller in ihr wird und ihre hektische Gedankenwelt sich beruhigt.

Mittlerweile ist es sieben Uhr morgens und Zoe hört das erste Mal seit langem wieder die Amseln singen. Sie lehnt sich zurück und nimmt sich Zeit, dem fröhlichen Gezwitscher zu lauschen. Ihr ist glasklar, so möchte sie nicht mehr weiterleben.

In diesem Moment erinnert Zoe sich an ihre Freundin Leonie, die ihr vor zwei Wochen so auf die Nerven gegangen war, als sie ihr freudenstrahlend von ihrem letzten Abenteuer, einem Kurs erzählte, bei dem es darum ging, sich ihrer ureigenen Essenz wieder zu erinnern und diese auch zu verkörpern. Vor zwei Wochen ging ihr dieses Blabla auf die Nerven und heute nach dieser schlaflosen Nacht mit all den Erkenntnissen ist sie davon wie elektrisiert. Sie will ihre ursprüngliche Lebendigkeit wieder erleben. Leonie ist eine Frühaufsteherin und schon wählt Zoe ihre Nummer, um mehr zu erfahren.

Leonie erzählt davon, wie es ist, von der Theorie in die Praxis, vom Kopf in den Körper und vom Wissen in das pure Erleben zu kommen. Zoe spürt die Energie in Leonies Worten ganz deutlich, die sie als Strahlen, Lebendigkeit, Freude, Genuss und pure Schöpferkraft empfindet.

Von einer Sekunde auf die andere wird es ganz still, klar und weit in Zoe.

In diesem Moment weiß Zoe ganz genau: Auch ich bin ein energetisches Wesen und JETZT möchte ich die Energie meiner Essenz wieder entdecken und mein Leben NEU gestalten!

LIANE NOVA ist Türöffnerin, Embodiment-Expertin, Life-Mentorin, Bewusstseins-Wegbereiterin, exzellente Fragenstellerin und Prozessbegleiterin. In ihrer Freizeit flitzt sie mit dem Rad über die Berge oder schwimmt wie ein Delfin durch verschiedenste Gewässer, um in die

Schönheit der Natur einzutauchen. Ihr Wunsch ist es, jedem Möglichkeiten an die Hand zu geben, sein Wunderwerk Körper auf vielen Ebenen zu erleben.

IHR GESCHENK an dich ist der Onlinekurs „Erlebe mehr von dir!": www.lianenova.com/ce/

Der Lack ist ab - über Altern und Würde

von Kerstin Stolpe

Alt werden will jeder, alt sein will niemand.

ICH BIN als Autorin schon etwas ‚in die Jahre gekommen'.

Was macht das mit mir? Und was macht das mit anderen Menschen? Mit dieser Frage im Kopf möchte ich wissen, wie andere Menschen damit umgehen.

Was bedeutet denn Altern, alt werden und alt sein in unserer Gesellschaft?

Die Anzahl an Personen im Alter von 65 Jahren oder mehr ist laut dem statistischen Bundesamt in Deutschland zwischen 1991 (ca. 12 Millionen) und 2019 (18 Millionen) deutlich gestiegen. Der Anteil an hochbetagten Menschen (über 85 Jahre) ist ebenso von 1,2 Millionen in 1991 auf 2,2 Millionen in 2019 gestiegen.

Laut einfacher Google Befragung gibt es derzeit ca. 13.600 Pflegeheime in Deutschland. Ungefähr 46% der aktuell Pflegebedürftigen werden in häuslicher Situation von Angehörigen versorgt, 24% daheim durch ambulante Pflegedienste. Circa 30% der Senior*innen wohnen in Pflegeheimen, das sind etwa 783.000 ältere Menschen, die pflegebedürftig sind.

Nun stellt sich mir angesichts dieser Zahlen unweigerlich die Frage, wo ich dann mal in diesen Zahlen auftauchen werde. Genauso unweigerlich drängt sich mir die Frage nach dem Tod auf. Auch wenn jedem Menschen bewusst ist, dass die Frage nach dem Wie und Wann des eigenen Todes nicht zu beantworten ist, so wünscht sich doch jede*r ein würdevolles und selbstbestimmtes Ende.

Ich habe wieder die Zahlen des Statistischen Bundesamtes abgefragt: Jährlich sterben in Deutschland ungefähr 930.000 bis 950.000 Menschen.

Was macht das mit dir, wenn ich über dich nur als Zahl schreibe, die irgendwann mal dazugerechnet wird? Wenn du in der Statistik verschwindest, vollkommen ungeachtet deiner Persönlichkeit?

Mir ist irgendwann aufgefallen, dass in etlichen Statistiken nur der Altersbereich von 30 bis 60 Jahren abgedeckt wird. Ich habe mir nie sonderlich Gedanken darum gemacht.

Bis mir irgendwann bewusst wurde: Es geht um den wirtschaftlichen Nutzen. Meine Erkenntnis war, dass Menschen zwischen 30 und 60 deshalb am relevantesten sind, weil ihre Arbeitskraft da am größten ist.

Dabei bin ich dann auf den Begriff „Humankapital" gekommen.

Die Definition von Humankapital ist laut Oxford Languages das „Arbeitsvermögen; die Gesamtheit unserer wirtschaftlich verwertbaren Fähigkeiten und Kenntnisse…"

Eine Suchmaschinenrecherche ergibt: Ein Kind kostet den Staat in den ersten Jahren seines Lebens viel Geld: Durchschnittlich 230.000 Euro plus Kosten für Ärzte, Kindergärten, Schule, Studium.

In der Regel ist 25 Jahre das magische Alter, in dem es endlich los geht mit der ‚Rückzahlung' an den Staat durch Arbeitskraft und Steuern in unterschiedlichsten Formen.

Der Begriff Humankapital wurde 2004 zum Unwort des Jahres gewählt, weil es Menschen nur noch auf ökonomisch interessante Faktoren reduziert.

Immanuel Kant hat einmal gesagt: *„Was einen Wert hat, hat auch einen Preis. Der Mensch aber hat keinen Wert, er hat Würde."*
Ja, genau so sollte es sein – aber gelebt wird es anders.

Für den deutschen Staat zählt also weniger die Liebe und das Leid, wenn es um den Wert eines Menschen geht, als vielmehr die Leistung, die ein Mensch zu seinen Lebzeiten erbringen kann. Je niedriger also die Löhne sind, desto geringer ist der finanzielle Ausfall bei Krankheit oder Tod.

Im Grundgesetz steht zwar, dass alle Menschen gleich sind, dort steht aber nicht, dass alle gleich viel wert sind.

Und wenn jemand etwas besitzt, wonach eine hohe Nachfrage besteht, dann steigt automatisch auch der Wert. So können Muttermilch, Blut, Spermien oder auch Organe teuer verkauft werden. Aber steigert das den Wert eines Menschen?

Laut einer Studie der City Universität in New York und der Universität Potsdam haben attraktive Menschen ein höheres Gehalt (https://career-women.org/karriere-outfit-gehalt-groesse-gehaltshoehe-aussehen-_id9750.html).

Und Attraktivität ist käuflich. Muss ich also attraktiver werden, um meinen Wert zu steigern?

Und wie geht das mit der Würde einher?

Der Wert einer arbeitenden Ärztin beträgt in Deutschland etwa eine Million, der Wert eines Facharbeiters aus der Industrie beträgt etwa 280.000 Euro. Das ist der Wert, der dem Staat verloren ginge, wenn diese Person dauerhaft ins Ausland ziehen würde (https://m.thieme.de/viamedici/arzt-im-beruf-arzt-im-ausland-1563/a/wo-der-rubel-rollt-aerztegehaelter-weltweit-25060.htm).

Dass Menschen einen Preis bekommen, ist keine Neuerfindung unserer Zeit. Einer der größten Sklavenmärkte Nordamerikas befand sich im 17. Jahrhundert in New York. An einer langen Mauer wurden die Menschen dort aufgestellt und zum Verkauf angeboten. Die Mauer wurde von den ersten Sklaven errichtet und gab der Straße ihren Namen: Wall Street (https://www.welt.de/kultur/

article143640839/An-der-Wall-Street-wurde-mit-Menschen-gehandelt.html).

Schon im 17. Jahrhundert berechneten Ärzt*innen und Wissenschaftler*innen erstmals den Wert eines Menschen. Damit wollten sie nachweisen, dass es sich lohnen würde, gegen Krankheit und Armut vorzugehen, um Arbeits- und Streitkräfte zu sichern. Auch die Erziehung unserer Kinder zielt darauf ab, ‚Humankapital' zu entwickeln. So funktioniert unter anderem auch ‚Gesellschaft'.

Jeder bringt sich ein und jeder wird mitgetragen. Das funktioniert auch bei Naturvölkern so, dann eben weniger über monetäre Bezahlung.

Statistiken können grausam sein und doch liefern sie nur nüchterne Zahlen. Aber keine Statistik wird einfach nur so erstellt, es gibt immer jemanden, der damit etwas bezwecken will. So habe ich Zahlen zusammengetragen, um auf einen Missstand aufmerksam zu machen. Den Missstand, dass der Wert eines Menschenlebens in eine Formel gepresst werden soll, die nur die Funktionalität und Arbeitskraft berücksichtigt. Sicherlich ist das eine Berechnung, die ein Staat vornimmt. Und auch, wenn sie einen faden Geschmack zurücklässt, so stellt sich hier doch die Frage, wie du dich dazu positionieren willst. Dass wir vom Staat her, von unserer Gesellschaft her, keinen wirklichen ‚Nutzen' nach unserem Arbeitsleben haben.

ALT WERDEN WILL JEDER, jedoch leben wir in einer Gesellschaft, in der das Altern unattraktiv ist.

Das Schönheitsideal sieht keine Falten vor, aber Würde und Souveränität im Alter genauso wenig. Die Zustände in Alten- und Pflegeheimen sind ganz sicher verbesserungswürdig!

Da aber nun mal jede*r alt wird, ob man das nun will oder nicht, sollte man sich auch die Frage stellen, wie man denn dieses ‚alt werden' gestalten will. Der Mensch hat eine höhere Lebenserwartung als jemals zuvor in der Geschichte der Menschheit (dabei lassen wir die Erzählungen der Bibel außen vor). Und statistisch gesehen werden wir insgesamt deutlich älter, was sicher dem Gesundheitssystem und der besseren medizinischen Versorgung zuzuschreiben ist. Auch leben wir zurzeit in Deutschland in einer kriegsfreien Zone, leben insgesamt bewusster und gesünder und haben bessere Hygienebedingungen als in früheren Zeiten.

Wenn man sich die Frage nach der Gestaltung des Lebensabends gestattet, landet man irgendwann auch bei dem Thema Kontrolle. Natürlich möchte jede*r selbst entscheiden, wie man seine Zeit als Senior*in verbringt, aber manchmal lassen das die Umstände nicht zu. Und dann müssen wir erkennen, dass wir gar nicht so viel Kontrolle haben, wie wir immer meinten. Ich kann zwar einiges dafür tun, um gesund und fit zu bleiben, aber ich habe keine Kontrolle, welches Gebrechen oder welche Krankheit mich ereilt. Und dabei geht es auch um das Thema Sicherheit. Wie bedürftig wird man im Alter? Wie schnell wird man medizinisch versorgt? Wenn jemand im Alter allein lebt, birgt das auch Gefahren.

Je weiter ich forsche und frage, desto mehr stelle ich fest, dass die Angst vor Kontroll- und Sicherheitsverlust in der Angst vor dem Tod gründet.

Ein guter Schritt wäre also, sich einmal Gedanken um die eigene Endlichkeit zu machen. Erst, wenn ich nicht mehr panisch zusammenzucke, bei dem Gedanken an den eigenen Tod, kann ich mir vernünftige Gedanken machen. Über die Zeit nach dem Arbeitsleben, wenn ich keinen relevanten ‚Nutzen' mehr für den Staat habe. Solange ich mich meinen Gedanken und Gefühlen um die eigene Endlichkeit nicht stellen mag, lebe ich in der Verdrängung und trage diesen Schatten als Last mit mir herum. Dann stecken wir emotional fest und sind nicht frei, andere Meinungen zu hören oder zuzulassen. Wir verteidigen unsere Meinung vehement, weil wir uns sonst als falsch empfinden würden. Und das ist schwer auszuhalten.

Mir ging es so mit dem Themen Altern und Falten. Ich war der Meinung, jeder müsse zu seinen Falten stehen. Das sind die

Geschichten, die das Leben ins Gesicht geschrieben hat. Aber als ich mich mit der Thematik intensiver beschäftigt habe, konnte ich zulassen, dass es dazu nicht nur eine richtige Meinung gibt. Das ist auch ein Thema unserer neuen Zeit. Falten behandeln und ‚wegmachen' war ja in früheren Jahren gar nicht möglich. Aber für mich war es schwierig, die Frage zuzulassen, was ich daran schlimm finde, wenn jemand etwas gegen Falten machen lässt. Und die Frage davor könnte lauten, was ich schlimm daran finde, überhaupt Falten zu haben.

Meine eigenen Antworten haben mich erkennen lassen, dass die Grenzen verschwimmen. Wie ist es dann mit Schminken? Oder Haare färben? Jede*r hat da vermutlich seine oder ihre eigenen Grenzen. Aber mein Auto bringe ich ja auch in die Werkstatt und pflege es und lasse es nicht vergammeln. Feuchtigkeitscreme für die Hände verwendet man, um die Hände zu pflegen und vor Austrocknung zu schützen. Tabletten gegen Bluthochdruck findet auch jeder in Ordnung. Mir fällt es oft schwer, zuzugeben, dass ich das alles gar nicht kontrollieren kann. Und ich kann auch erkennen, dass es mir oftmals schlecht geht, weil ich es aber kontrollieren will. Etwas zu akzeptieren, was ich nicht kontrollieren kann, und das Loslassen dieses Unterfangens fühlte sich immer an wie eine Kapitulation, wie eine Aufgabe, wie eine Zustimmung. Das Loslassen von Erwartungen, Bewertungen, Urteilen und Vergleichen fällt uns allen erfahrungsgemäß sehr schwer.

Wir haben die Erwartung, ewig jung zu sein. Wir hadern mit körperlichen Schwächen. Wir lehnen unseren Körper und besonders unsere Schwächen und vermeintlichen Makel ab. Wir vergleichen uns mit den Models aus dem Fernsehen, aus der Zeitung und mit unserer besser aussehenden Kollegin oder Nachbarin. Wir versuchen ständig uns zu optimieren, besser zu werden, jung zu bleiben.

Wir glauben, wir genügen nicht, wie wir sind. Wir glauben, wir sind es nicht wert, einfach zu sein und zu leben, ohne Gegenleistung. Wir fühlen uns ständig im Mangel. Und aus diesem Gefühl des

Mangels heraus wollen wir etwas ändern. Dabei übersehen wir, dass Energie immer der Aufmerksamkeit folgt. Das, was ich so dringend verändern oder loswerden will, darauf richte ich ja meine Aufmerksamkeit. Und das, worauf meine Energie gerichtet ist, verstärke ich. Also liegt die Lösung darin herauszufinden, was du stattdessen willst.

Ich kenne viele Menschen, die etwas ‚weghaben wollen'. Sei es die große Nase, 15 Kilo zu viel, das Stottern, die Cellulite oder eine Krankheit. Dagegen wird nun angekämpft, ohne dass die Situation, so wie sie ist, gewürdigt wird.

Nehmen wir mal an, ich habe im Urlaub oder zu Weihnachten fünf Kilo zugenommen. Oder ich wache eines Morgens auf und plötzlich sind da Falten, die ich bisher gar nicht wahrgenommen habe.

Das Gefühl, welches dann entsteht, ist Ablehnung. Wir wollen das nicht, machen uns schlechte Gefühle, um uns zu motivieren daran schleunigst etwas zu ändern.

Wir misstrauen uns selber, indem wir meinen, dass wir unbedingt schlechte Gefühle brauchen, um aktiv zu werden. Wir werden traurig oder wütend, enttäuscht oder ängstlich.

Aber selbst einen simplen Müllbeutel, den ich aus dem Eimer hole, wenn er voll ist, muss ich erst einmal in die Hand nehmen, bevor ich ihn in die große Tonne entsorgen kann.

Die fünf Kilo zu viel oder diese Falten sind da! Also darf ich sie doch auch annehmen. Ich muss sie nicht gut finden, darum geht es hier nicht. Es geht um Akzeptanz dessen, was da ist. Wenn ich es nicht akzeptiere, verleugne ich das, was auch immer gerade mein Thema ist. Dabei muss ich ständig ziemlich viel Energie aktivieren, um den Verleugnungsprozess aufrecht zu erhalten.

Dadurch, dass ich den Müll im Eimer runter trete, den Eimer in eine dunkle Kammer stelle, Parfüm drüber gieße oder ihn quer durchs Zimmer schieße, wird er nicht verschwinden. Den Müll beeindruckt es kein bisschen, wenn wir ihn anschreien oder hassen. Davon verschwindet er nicht. Er lässt sich auch nicht durch Tränen beeindrucken und auch nicht durch Panik angesichts seines Daseins. Der einzige Weg, den Müll zum Verschwinden zu bringen, ist, ihn zu akzeptieren und dann richtig zu entsorgen. Wenn ich ihn angenommen habe, kann ich ganz unaufgeregt überlegen, was ich weiterhin mit ihm machen möchte. DANN kann ich überlegen, was ich stattdessen möchte.

Und so verhält es sich mit allen Dingen, die ich loszuwerden versuche.

Was hat das nun mit dem Altern zu tun?

Je mehr ich ablehne, dass ich älter werde, dass ich gebrechlicher werde, umso weniger Lebensqualität zeigt sich in meinem Leben. Das Alter ist da, der Tod kommt unweigerlich! Je besser ich lerne, das zu akzeptieren und loszulassen, umso positiver kann sich das Leben entwickeln. Auch hier geht es nur darum, das anzunehmen, was ist. Dann kann ich ganz ohne Drama schauen, was ich denn noch will. Auch im Alter.

Und doch komme ich immer wieder auf die Frage zurück, welchen Wert ich mir gebe, wenn ich für den Staat keinen ‚Nutzen' habe. Uns wurde nicht gelehrt, dass allein unser SEIN für eine Daseinsberechtigung ausreicht.

Eine sehr schöne Legende wird in dem Buch „Zwei alte Frauen" von Velma Wallis erzählt.

Sie berichtet von einem Nomadenstamm im hohen Norden Alaskas. Während eines bitterkalten Winters kommt es zu einer gefährlichen Hungersnot. Wie das Stammesgesetz es vorschreibt, beschließt der Häuptling, die beiden ältesten Frauen (75 und 80 Jahre alt) als ‚unnütze Esser' zurückzulassen, um den Stamm zu retten. Doch die beiden alten Indianerfrauen geben nicht auf, sondern besinnen sich auf ihre ureigenen Fähigkeiten, die sie längst vergessen geglaubt hatten. Sie schaffen es nicht nur zu überleben, sondern auch, den

Stamm zu retten. Das Buch handelt von Verbitterung, Vergebung und Bequemlichkeit, aber auch von Gewohnheit und Verantwortung.

In Naturvölkern ist es egal, wie alt jemand ist, wenn er oder sie sich einbringen möchte und kann. Auch bei uns gab es in früheren Zeiten, als wir noch in Großfamilien gelebt haben, Aufgaben für alte Menschen. Auch alte Menschen fühlen sich gern gebraucht, das ist und sollte keine Frage des Alters sein.

Ich glaube, so wie wir es praktizieren, dass man bis Mitte 60 arbeitet und dann ‚befreit' ist, tut den Menschen nicht gut. Das soll kein Plädoyer dafür sein, bis zum Ende in Lohn und Brot zu stehen. Aber wir würdigen, schätzen und nutzen das Wissen und die Fähigkeiten unserer ‚Alten' nicht.

Ihrerseits werden die ‚Alten', wenn sie nicht mehr zur Arbeit ‚müssen', auch gern bequem, wer will es ihnen verdenken? Aber das bequeme Leben hat auch seinen Preis, das wird am Rande in Velma Wallis' Buch ebenfalls beschrieben. Man besinnt sich nicht auf seine Fähigkeiten und wenn man nicht im ‚Fluss' und ‚in Bewegung' bleibt, dann verändert sich der Körper. Der Körper ist ein wunderbares Instrument, welches sehr nützlich für unser Leben ist. Aber wenn Muskeln nicht mehr gebraucht werden, werden sie recht zügig abgebaut und das ist die ‚Gefahr' des Alterns. Je weniger wir aktiv sind, umso weniger schaffen wir. Und je weniger wir schaffen, umso anstrengender wird das, was wir unserem Körper abringen wollen. Im Alter sind auch die Vernetzungen und Verschaltungen der Nerven nicht mehr so optimal. Alles dauert also länger, geht langsamer und wird anstrengender. Davon lassen sich dann viele entmutigen.

WAS IST NUN ALSO die Lösung?

Ich kann nur aufzählen, was ich für mich herausgefunden und beschlossen habe:

1. Ich möchte beweglich bleiben, sowohl körperlich als auch

geistig – und dafür bin ich bereit, etwas zu tun. Das muss nichts Großes sein. Meine Omi hat im Alter von über 80 noch angefangen, beim Frühstücksfernsehen mitzuturnen und hat es irgendwann geschafft, mit durchgedrückten Knien vornüber gebeugt die Handflächen auf den Boden zu legen. Das hat mich echt beeindruckt. Ich praktiziere seit etwa zwei Jahren Yoga, mindestens dreimal die Woche, oftmals auch täglich. Das möchte ich genau so beibehalten. Meine Mentorin ist noch mit mir zu Fortbildungen gefahren, da war sie schon Mitte 80. Warum soll man nicht noch mit 70 oder 80 anfangen eine Sprache zu lernen, oder mit 90 einen Tango-Kurs belegen?

2. Ich möchte nicht warten, bis andere auf mich zukommen, mich animieren wollen, etwas zu machen. Ich möchte interessiert und aktiv bleiben. Eine ältere Dame beim Wandern beeindruckte mich: Als mein Partner ihr freundlich die Hand reichen wollte, um ihr beim Hinabklettern zu helfen, wies sie ihn sehr entschieden und entrüstet zurück. Sie meinte, sie wäre zwar schon Anfang 80, aber das könne sie ja wohl noch alleine.

3. Ich möchte, egal wie alt oder jung ich bin, mich einbringen und helfen. Nicht, weil da das Gefühl ist, dass ich mir etwas ‚verdienen' muss, sondern weil es ein Beitrag für mein Leben und das der Anderen ist, wenn ich mich einbringe – einfach aus Freude am Leben und Liebe zu den Menschen.

4. Ich möchte positiv und optimistisch und bejahend zum Leben bleiben, weil ich mir sicher bin, dass es dem Leben beiträgt – mehr, als nur das Schlechte zu sehen.

5. Ich möchte Dankbarkeit und Anerkennung bis zum letzten Tag praktizieren, in dem Wissen, dass nichts selbstverständlich ist in dieser Welt und ich immer Gründe finden kann, um dankbar zu sein. Das beeinflusst meine

eigene Energie, das strahle ich aus und damit kann ich eine Einladung für jeden anderen Menschen sein, dem ich begegne.

6. Ich kann selbst sympathisch sein und auch an jedem Menschen etwas Sympathisches finden. Menschen spüren, ob ich sie ablehne und innerlich kritisiere, oder ob ich ihnen wohlwollend gegenüber stehe.
7. Ich möchte gute Gewohnheiten etablieren und beibehalten. Dazu gehört für mich eine Retroperspektive und der Wille zur regelmäßigen Innenschau und Reflektion. Damit ich mich von dem, was mir im Außen begegnet, nicht so sehr beeinflussen lasse. Und damit ich das sichere Wissen in mir trage, dass nur wichtig ist, wie ich mit dem, was mir im Außen begegnet, *umgehe*.
8. Ich möchte meine Neigung, Neues auszuprobieren, zu erfahren und zu erlernen auch im Alter nicht verlieren. Damit bleibt die Freude am und zum Leben erhalten.
9. Ich möchte auch im Alter noch soziale Kontakte pflegen. Das trägt zum Glück und Wohlbefinden bei.
10. Auch im Alter möchte ich Liebe und Sexualität erleben, so wie es dann eben im Alter möglich ist. Ich bin mir sicher, dass es für die Liebe keine Altersgrenze gibt. Wie sich die Sexualität entwickeln wird, ob sie sich verlagert, weniger wichtig wird oder anders gelebt wird, das sind Fragen, die ich zu gegebener Zeit erforschen möchte. Ebenso möchte ich einen Partner auch im hohen Alter nicht als Selbstverständlichkeit sehen. Nach Jahren des Zusammenseins immer noch die Bereitschaft zu finden, den anderen jeden Tag neu zu entdecken und auch mit 80 noch Hand in Hand gemeinsam durchs Leben zu gehen ist ein Vorsatz, den ich leben möchte.
11. Ich möchte Weisheit im Alter pflegen, ohne Überheblichkeit, sondern souverän und um die eigene

Endlichkeit wissend. Dabei finde ich wichtig zu wissen, wann es dran ist, einfach die ‚Klappe zu halten' und zu erkennen, dass alles gar nicht so wichtig ist, wie ich es in jüngeren Jahren immer empfunden habe.

Ich bin gespannt, ob ich das in 30 Jahren immer noch so schreiben werde.

ZWEI FLEDERMÄUSE, kopfüber abhängend, wie Fledermäuse das eben tun. „Du, ich hab' Angst vor dem Altwerden!" „Warum??" „Was, wenn wir inkontinent werden?????"
Nierenversagen bei Fledermäusen. Sicherlich die häufigste Todesursache, nur interessiert es niemanden. Wie traurig.

MEINE BESTE EMPFEHLUNG: Immer den Humor bewahren!

KERSTIN STOLPE ist Krankenschwester, Heilpraktikerin, Autorin und schamanische Heilerin. Ihre Leidenschaft ist das Leben und sie liebt es, Menschen in allen Lebenslagen Hoffnung und Mut zu geben. „Sumsi mit Po" rückwärts gelesen ergibt Optimismus, den sie auch so lebt, während sie bei ihrer Katze mit im Haus wohnen darf.

IHR GESCHENK an dich ist eine Meditation über das Altern in Würde: https://bit.ly/3dDTiNh

Drunter und Drüber – deinen Körper liebevoll kleiden

von Marie Hollaus

STELL DIR VOR, jemand würde dir folgende Frage stellen:

Ist das Drunter wichtig?

Ich sage: Ja! Es spielt eine wesentliche Rolle. Eine sehr wesentliche Rolle. Aber fangen wir zuerst mit dem Drüber an.

Nach welchen Kriterien suchst du deine Kleidung aus? Ja klar, erstmal nach der Größe. Dann wahrscheinlich nach der Form, nach der Farbe, nach dem Schnitt.

In wieweit spielt der Preis eine Rolle?

Soll es etwas Zweckmäßiges sein? Oder für einen bestimmten Anlass? Oder vielleicht für etwas ganz Spezielles?

Suchst du dir die Stücke selber aus oder bist du jemand, der sich gerne beraten lässt?

Spielt das Material eine Rolle? Das Muster?

Möchtest du jemandem damit imponieren?

Muss die Größe perfekt sitzen oder kaufst du es lieber eine Nummer größer? Eine Nummer kleiner?

Triffst du deine Auswahl alleine oder hast du gerne deinen Partner/deine Partnerin oder eine Freundin dabei?

Verlässt du dich auf den Rat anderer, ob dir ein Kleidungsstück gut steht, ob es zu dir passt?
Nimmst du dir Zeit beim Einkaufen oder muss es schnell gehen?
Oder geht es dir vielleicht einfach nur ums Wohlfühlen?
Wie bewegst du dich in deiner Kleidung? Wie bewegst du dich im grünen Pulli im Vergleich zum schwarzen Pulli? Hast du dich darin schon einmal selbst beobachtet? Welche Haltung nimmst du ein?
Wie wichtig ist dir das Drüber?
Und jetzt kommen wir zu der wesentlichen Frage: Welche Rolle spielt das Drunter? Was nimmt den größeren Stellenwert ein: Die Oberbekleidung oder die Unterbekleidung?
Wie viel Aufmerksamkeit bekommen deine Dessous und deine Unterwäsche?
Ich habe mich bei verschiedenen Leuten umgehört. Es ist vielen Menschen wichtig, in welcher Kleidung sie äußerlich erscheinen. Nicht allen, aber sehr vielen. Und interessanterweise musste ich feststellen, dass es in Bezug auf Dessous viel Unwissenheit gibt.
Wie oft erlebst du, dass du von einer Verkäuferin/einem Verkäufer beim Kauf von Unterwäsche umfangreich und gut beraten wirst? Ich bis jetzt ein einziges Mal, in einem wunderbaren Laden in Italien.
Ich habe keine maßgeformte Figur, wie sie in der Modebranche gebräuchlich ist, und schon gar nicht kann ich BH und Slip in einem Set in derselben Größe kaufen. Auch in der Bademode bei Bikinis erlebt man das sehr häufig, in meinen Gesprächen mit Frauen habe ich erfahren, dass es sehr vielen so ergeht. Und bin auf sehr interessante Aspekte gestoßen. Auch, dass dies ein Thema ist, worüber man nicht so häufig spricht.
Man könnte sich jetzt die gleichen Fragen wie bei der Oberbekleidung stellen: Was ist dir wichtig beim Tragen von Dessous – BHs, Slips, Shorts?
Ich meine, Unterwäsche ist das, was meiner Haut am nächsten ist.

Eng anliegt. Was lasse ich da ran? Und wie gut soll es mir passen? Zu mir passen?

Betrachte dich durch liebevolle Augen. Welche Unterwäsche trägst du heute? Wenn du magst und Lust dazu hast, dich traust, stelle dich vor einen Spiegel und lasse deinen Blick über deinen Körper und deine Dessous schweifen.

Was siehst du?

(Mache eine kurze Pause, bevor du weiterliest.)

WELCHE GEDANKEN SIND dir als erstes in den Sinn gekommen?

- Wow, ich habe einen tollen Körper!
- Na, ich weiß nicht, ich sehe überhaupt nicht gut aus.
- Ich bin zu dünn/zu dick/zu fett.
- Ich sollte ein paar Kilos abnehmen.
- Mein Bauch ist viel zu groß.
- Da hängt ganz schön viel Busen raus.
- Meine Brüste sind zu klein. Männer möchten Frauen mit großem Busen.
- Usw.

Wir sind es leider gewohnt, uns ständig zu bewerten und falsch zu machen. Wie wäre es, wenn du das jetzt, für diesen Moment, beiseitelässt und dich durch wohlwollende Augen betrachtest? So wie man diese süßen, kleinen Babys ansieht und sich an deren Erscheinung erfreut. Oder wenn du Kindern aus der Ferne zusiehst, wie sie sich über den ersten Schnee freuen und mit Begeisterung einen Schneemann bauen. Lass deine ganze Liebe in dich strömen. Atme tief durch.

WAS SIEHST DU?

- Ein Lächeln auf den Lippen?
- Es fühlt sich leicht an?
- Deinen Körper mit all seinen Facetten?
- Entspannung?
- Ein Strahlen im Gesicht?
- Schönheit?
- Freude?
- Glücksgefühl?

Es kann sein, dass man diese Übung öfters machen muss, bis man sich wirklich durch seine liebevollen Augen betrachten kann. Wir sind Gewohnheitstiere. Probiere es aus! Du wirst möglicherweise überrascht sein.

NACHDEM WIR UNSEREN Körper nun liebevoll betrachten, werfen wir einen Blick auf deine Dessous.

- Welche Farbe trägst du heute? Welches Muster?
- Was befindet sich sonst noch in deiner Wäschelade?
- Wie fühlt sich das Material an? Ist es weich oder kratzt es an manchen Stellen? Liebst du es, wenn es aus Spitze ist?
- Sitzt deine Boxershort optimal? Oder ist der Gummi zu eng?
- Wie gut sitzt dein BH? Ist alles gut eingepackt oder hängt etwas heraus? Schneidet etwas ein?
- Wie ist es beim Slip? Ist er angenehm zu tragen oder zeigen sich Wulströllchen?
- Fühlst du dich sexy darin?

Liebe Männer, die Passform betreffend habt ihr es wesentlich einfacher als die Frauen! Aber stelle deiner Partnerin oder deinem Partner einmal die Frage, in welcher Unterwäsche sie dich am liebsten sehen. Wusstet ihr, dass es mittlerweile sexy Unterwäsche nicht nur für Frauen, sondern auch für Männer gibt, genannt Menagerie? Enganliegende, transparente Slips, Tangas, Bodys, Spitzenhemdchen. Mutig? Provokant?

Liebe Damen! Ich habe noch eine Frage an euch: Welche Rolle spielt die Angabe des Buchstabens bei der Cupgröße für dich? Gar keine? Dann gratuliere ich. Wenn doch, kann ich dir folgendes sagen: Vergiss diesen Shitstorm an Gedanken! Ich verrate dir etwas: Es gibt standardisierte Größen. Und dann gibt es Erzeuger, die ihre eigenen Schnitte kreieren bzw. kommt es darauf an, in welchem Land sie beheimatet sind. Und dann ist auf einmal Körbchengröße C nicht mehr C, sondern da steht der Buchstabe D. Deine Brust ist deswegen nicht von heute auf morgen um so viel gewachsen, sondern sie schneidern sich ihre eigenen Größen. Also mache dir keine Gedanken mehr darüber und greife bei deinem nächsten Einkauf nach einem Stück, das wirklich zu dir und deinem Körper passt und worin du dich wohlfühlst!

Und dann sollte man noch etwas wissen: BH-Größe 75C beispielsweise entspricht genauso 80B oder 85A. Das bedeutet, es ist immer dieselbe Cupgröße, nur der Unterbrustumfang ist unterschiedlich weit. Man nennt das Kreuzgrößen.

Ein Beispiel: Du weißt bereits, normalerweise trägst du die BH-Größe 75C. C steht für die Cupgröße und die Zahl 75 für den Unterbrustumfang von 75 cm. Du gehst einkaufen und entdeckst ein wunderschönes Teil, allerdings steht es nur mehr in Größe 80B zur Verfügung. Das würde dann bedeuten, dass der BH von der Cupgröße her passt, nur der Unterbrustumfang etwas zu weit wäre. Diesen könnte man aber leicht kürzen lassen und schon hätte man sein gewünschtes Modell in der individuellen Größe.

ZURÜCK ZU DIR vor deinem Spiegel. Wie geht es dir damit, nachdem du dich schon eine Weile durch liebevolle Augen betrachtest? Wie fühlt es sich an? Hast du dir schon Komplimente gemacht? Oder stehst du vielleicht sogar gemeinsam mit deinem Partner, mit deiner Partnerin vor dem Spiegel und hast dir sagen lassen, wie hübsch du bist?

Kann es sein, dass man sich wie eine Göttin oder wie ein Gott in seiner Unterwäsche fühlt? Ich kann nur aus eigener Erfahrung sagen: Seit ich passgenaue, maßgeschneiderte Dessous trage, habe ich ein völlig anderes Körpergefühl. Zum einen sitzt der BH super gut. Er passt wirklich! Es zwickt nichts mehr, es hängt nichts heraus. Es gibt kein Rumzupfen mehr. Der Träger rutscht nicht mehr runter. Und es ist nicht so wie früher, wenn man nach Hause kam und sich am liebsten den BH vom Leibe gerissen hat. Ich spüre den BH den ganzen Tag nicht. Mein Körper hat sich aufgerichtet und ich habe eine andere Körperhaltung eingenommen. Der Slip hat die richtige Größe und schneidet den Bauch nicht mehr ein oder lässt durch einen zu engen Gummi Fettwulsten entstehen (was vor allem bei enganliegender Kleidung fürchterlich aussieht). Ich fühle mich wohl und habe unendlich Freude daran!

Bist du mutig genug und traust dich, dich von einer Expertin oder einem Experten beraten zu lassen? Dann tue es!

Bist du noch nicht so mutig und traust dich noch nicht so recht, dich in deiner Unterwäsche zu zeigen und dich beraten zu lassen, um endlich ein wohliges Körpergefühl zu empfinden? Dann tue es trotzdem. Spring über deinen Schatten!

Abschließend bleibt mir nur mehr zu sagen: Frage deinen Körper:

- Wie viel Bedeutung gebe ich meinem Drunter?
- Worin fühlt er sich wohl?
- Was möchte er auf seiner Haut tragen?
- Was würde ihm Spaß machen und Freude bereiten?

Und dann gehe diesen Impulsen nach. Möglicherweise ist das der Beginn eines neuen Abenteuers.

MARIE HOLLAUS ist Dessous-Liebhaberin und Lehrerin für textiles Werken. Sie folgt mutig der Stimme ihres Herzens und liebt es, Menschen zu inspirieren. Wenn sie nicht gerade an der Nähmaschine sitzt, findest du sie mit einem Gläschen Prosecco genießend am Meer.

IHR GESCHENK an dich sind heiße Tipps für coole Dessous: https://bit.ly/3xfydAy

VERWIRKLICHUNGEN

VON MYSTIK, MÖGLICHKEITSRÄUMEN UND FARBMAGIE

Deine Gaben sind deine Aufgaben. Wirklich?

von Angelika Schumann

„OH MANN, ist mir langweilig."

Lustlos liegt Florian auf der kleinen Waldlichtung. Er rollt sich behäbig auf den Rücken, was gar nicht so einfach ist. Schnaubend gibt er es auf, denn die Hornschuppen auf seinem Rücken lassen es nicht so einfach zu.

„So was Doofes. Nicht mal auf den Rücken kann ich mich drehen."

Missmutig peitscht er mit seinem Schwanz in die Luft. Dabei trifft er eine junge Fichte, die von der Wucht einfach umfällt, und bläst die ersten Rauchwolken in die Luft. Wohin soll er nur mit seiner Energie? Das Drachenleben kann ganz schön öde sein.

„Wenn ich ein Ziel oder eine Aufgabe hätte, könnte ich mich wenigstens dafür einsetzen, anstatt meine Zeit mit Warten zu verbringen."

Er lässt einen kleinen Brüller los, der als mehrfaches Echo vom nahen Berg zurückgeworfen wird.

„Growww!"

„Growww! Growww! Growww!"

„Hallo!"

„Hallo! Hallo! Hallo!" tönt es zurück.

„Ach Scheiße!"

„Was sagst du da?"

Erschrocken horcht Florian auf.

„Wo ist das Echo? Wer hat da gefragt?"

Er versucht es noch einmal:

„Hallo!"

Keine Antwort. Das ist noch nie geschehen. Das Echo war doch immer da. Er versucht es mit noch einem Ruf:

„Haaallo!"

„Du brauchst nicht weiterzurufen. Ich bin schon da."

Florian dreht sich vorsichtig in die Richtung, aus der er die Stimme hört, und muss sogar nach oben sehen, so groß ist das Wesen, das da auf ihn zukommt. Und das soll schon etwas heißen! Es sieht aus wie ein riesengroßer Stein mit stämmigen Beinen und ebensolchen Füßen.

„Wer bist du? Und wo ist das Echo?"

„Ich bin der Geist des Berges. Das Echo habe ich kurz abgestellt, damit du mir deine ungeteilte Aufmerksamkeit schenken kannst. Mein Name ist Rammelsberg."

„Und was möchtest du von mir?"

Florian wird es ein wenig ungemütlich. Immerhin ist er bis jetzt mit Abstand der Größte hier gewesen. Zum ersten Mal muss er zu jemandem aufschauen.

„Ich beobachte dich schon eine ganze Weile. Und bevor du den ganzen Wald abholzt, weil du nichts Besseres zu tun hast, möchte ich dich nun fragen, auf was du eigentlich wartest."

„Ich dachte, meine Mutter kommt irgendwann zurück. Sie ließ mich allein hier und sagte nur: ‚Wir sehen uns, wenn du weißt, wer du bist.' Aber woher soll ich das wissen, wenn es mir keiner sagt?"

„Hahaha! Das höre ich zum ersten Mal! Deine Mutter ist gegangen, weil du groß genug bist, alleine zu leben. Hat sie dir das nicht gesagt?"

„Nein. Sie sagte nur: ‚Entdecke deine Kräfte und suche dir eine Aufgabe!' Meine Kräfte kenne ich schon ganz gut. Nur wie finde ich eine Aufgabe? Hier gibt es nichts zu tun. Ich kann doch nicht den Wald abfackeln oder die Tiere hier kaputt hauen. Deswegen warte ich und habe Langeweile. Doch so langsam werde ich wütend und hätte wirklich Lust, eine große Feuersbrunst zu legen."

„Da komme ich ja gerade noch rechtzeitig. Wollen wir gemeinsam deine Aufgabe finden? Ich helfe dir gerne."

„Wenn du meinst. Ich habe ja sonst nichts zu tun."

„Nun, beginnen wir mit der ersten Lektion. Gib mir eine ehrliche Antwort: Hast du dich selbst lieb?"

Erstaunt sieht Florian den Berggeist an.

„Darüber habe ich mir noch keine Gedanken gemacht. Eigentlich mag ich mich. Doch ich hasse die Fähigkeit, Feuer zu spucken. Das will ich nicht. Ich habe Sorge, dass dann der Wald abbrennt. Und ich versuche, meinen Schwanz stillzuhalten, damit er nichts kaputtmacht. Doch so langsam werde ich immer unzufriedener und manchmal auch wütend, dass es mir egal wird. Manchmal will ich einfach nur losfauchen."

„Das ist kein Wunder. Wenn deine eigenen Kräfte nicht sinnvoll eingesetzt werden, richten sich diese gegen dich. Langeweile kann tödlich sein. Entweder zerstörst du nun deine Umgebung oder dich selbst. Merke dir eines: Deine Gaben sind deine Aufgaben. Dazu kommen wir noch.

Kennst du all deine Fähigkeiten? Und sind sie dir bewusst?"

„Nun ja. Ich kann Feuer spucken, ich kann fliegen, und ich habe sehr viel Kraft, weil ich so groß bin. Doch was mache ich damit? Ich möchte nichts zerstören. Siehst du die Eichhörnchen da drüben? Sie wohnen in der alten Eiche. Ich muss meine Kräfte zurückhalten, damit sie ihr Zuhause behalten können. Was mache ich nun mit diesen Kräften?"

Frustriert schaut Florian auf den Boden.

„Du hast nur deine körperlichen Kräfte aufgezählt. Was ist mit deinen geistigen Kräften? Du beobachtest die Waldtiere und möchtest ihnen kein Leid zufügen. Warum? Könnte es sein, dass du andere Wesen gerne beschützen möchtest? Könnte es sein, dass du die Schönheit in allem siehst?"

„Ja. Ich liebe diese kleinen Tiere. Ich liebe überhaupt alles, was hier lebt, die Tiere, die Bäume und auch die Steine."

„Kannst du dies bitte anerkennen? Du hast in dir eine große Liebe gegenüber der Natur. Und wie ich es über die lange Zeit beobachten konnte, bist du auch sehr loyal. Kannst du dich an die Begebenheit erinnern, als du den Wölfen und den Füchsen ihre Reviere zugewiesen hast, damit sie sich nicht in die Quere kommen? Sie alle haben dich respektiert. Und seitdem grüßen sie sich sogar mit gegenseitiger Toleranz und Freude. Meinst du, so etwas ist selbstverständlich?"

„Darüber habe ich mir noch keine Gedanken gemacht. Wenn ich den Eindruck habe, etwas stimmt nicht, spreche ich es aus. Mir ist es wichtig, dass es allen gut geht. Und ich weiß, dass es für alle Probleme eine Lösung gibt. Und wenn man das Problem einfach nur an- oder auslacht!"

„Und warum lachst du dann deine Langeweile nicht einfach aus? Du hast eine große Weisheit und Liebe in dir und vergisst, dies anzuerkennen und dich selbst damit zu beschenken!"

Florian stutzt und überlegt.

„Nur was mache ich mit all den Fähigkeiten? Hier im Wald habe ich alles schon geregelt. Und nun gibt es nichts mehr zu tun. Und das Feuer spucken nützt mir hier gar nichts. Ich hasse diese Fähigkeit, denn ich muss immer aufpassen, dass ich es nicht versehentlich aktiviere. Am liebsten würde ich es abstellen."

„Ho, ho!" Der Berggeist macht einen weiteren großen Schritt auf den Drachen zu, der nicht weiter zurückweichen kann. Vor Schreck stößt er einen kleinen Feuerstrahl aus, der dem Berggeist allerdings nichts anhaben kann.

„Könntest du dir vorstellen, dass diese besonderen Fähigkeiten für besondere Aufgaben nützlich sein könnten? Merke dir eines: Wenn du etwas aufbauen willst, musst du auch bereit sein, zu zerstören.

Ein Vulkan zum Beispiel hat eine immens große Zerstörungskraft mit seinem Feuer und seiner Lava, die aus ihm austritt. Bei der Abkühlung des Magmas bilden sich häufig Basaltsäulen, die sehr fest sind und den Menschen wiederum als Baumaterial dienen.

Die Erde, die nach einem großflächigen Brand übrig bleibt, wird zu fruchtbarem Boden.

Was brauchst du, damit du all deine von dir abgelehnten Fähigkeiten anerkennen und lieben könntest?"

„Keine Ahnung. Hier kann ich jedenfalls nichts damit anfangen."

„Kannst du deine Fähigkeiten kontrollieren?"

„Ich glaube, ja. Nur wenn ich wütend werde, stoße ich ungewollt eine Flamme aus oder peitsche mit meinem Schwanz zu heftig auf den Boden."

„Dann übe dich ab sofort in Gelassenheit. Je stärker deine Kräfte, desto besser musst du sie kontrollieren. Lerne, sie mit Weisheit einzusetzen. Nicht umsonst bist du voller Liebe für das Leben und hast einen großen Gerechtigkeitssinn.

Also los! Beginnen wir mit der Bewegung deines Schwanzes. Pikse mich mit der Spitze so, dass du mich zum Lachen bringst. Konzentriere dich! Du hast nur einen Versuch."

Florian schaut Rammelsberg mit großen Augen an. Das ist ja eine verrückte Aufgabe! Doch der respekteinflößende Berggeist scheint es ernst zu meinen. So betrachtet Florian den großen Körper und beginnt, sich intuitiv in Rammelsberg hineinzufühlen. Konzentriert bewegt er seine Schwanzspitze an den einzigen möglichen Punkt, der sich richtig anfühlt, und pikst ihn an.

„Hahaha! Hohoho! Hör auf! Du hast gut getroffen!"

Das Lachen tönt durch den ganzen Wald, so dass sogar die Bäume sich zu bewegen beginnen. Ein paar Vögel flattern erschrocken in die Luft.

„Siehst du, wie gut du bist? Das habe ich gewusst und von dir erwartet.

Nun kommen wir zur nächsten Übung. Leg ein paar kleinere Äste auf einen Haufen und entfache ein kleines, kontrolliertes Feuer. Achte auf den Abstand zu den Bäumen und auf die Windrichtung, damit kein Waldbrand entsteht."

Auch das gelingt Florian mühelos.

„Wunderbar! Du kannst deine körperlichen Fähigkeiten kontrollieren und verantwortungsvoll einsetzen. Ein Feuer kann zerstören, jedoch auch Leben retten, wenn es richtig eingesetzt wird. Hör auf, deine Fähigkeiten als schlecht abzuwerten. Es geht am Ende darum, zur richtigen Zeit das Richtige zu tun, auch wenn es Zerstörung heißen sollte.

Möchtest du nun bitte all deine Fähigkeiten anerkennen? Und möchtest du bitte ab sofort dankbar für sie sein?"

„Ja, wenn es sein muss ..."

„Anerkennung und Dankbarkeit machen den Weg frei für größere Möglichkeiten. Sobald du mit dir haderst oder etwas an dir ablehnst, blockierst du dich für dein Leben und für dein Weiterkommen.

Gleich wirst du dich auf den Weg machen mit dem Ziel, deine nächste Aufgabe zu finden. Zeig mir bitte noch, wie du dich unsichtbar machst. Denn je nachdem, wo dich dein Weg hinführt, solltest du die Wesen nicht gleich in Angst versetzen. Für die meisten Menschen ist ein Drache sehr furchteinflößend."

Florian übt ein wenig. Beim dritten Versuch ist er vollständig unsichtbar.

„Na, und worauf wartest du noch? Mach dich los! Dein Ziel wird dich magnetisch anziehen, und du wirst wissen, was zu tun ist."

Zum Abschied kitzelt Florian Rammelsberg noch einmal, der sich lachend auf den Rückweg macht.

„Gute Reise! Und besuch mich gerne mal wieder. Ich laufe hier nicht weg."

„Leb wohl!"

„Leb wohl! Leb wohl! Leb wohl!" tönt es vom Berg zurück.

WAS MAGST DU NICHT AN DIR? Was ist der Grund dafür? Bist du für eine Fähigkeit oder ein spezielles Verhalten als Kind getadelt oder gehänselt worden? Könntest du die Meinung anderer Menschen bei ihnen belassen – als nicht zu dir gehörig?

Was wäre, wenn du dich nicht verurteilen müsstest, sondern dich ganz und gar akzeptieren könntest? Welche Wunder könntest du vollbringen?

Wäre es an einem anderen Ort, in einer anderen Situation genau das Richtige, was gebraucht würde? Bist du selbst richtig, nur am falschen Ort oder mit den falschen Menschen zusammen?

MEIN TIPP AN DICH: Erinnere dich an deine Kindheit. Was hast du von Herzen gerne getan und hast dabei die Zeit vergessen? Worin bist du ganz aufgegangen? Und schau dir auch das an, wofür du getadelt worden bist. Was hast du aufgegeben zu sein oder zu tun, um andere nicht zu verärgern oder um die Liebe und Anerkennung nicht zu verlieren?

Schreibe es gerne auf und nimm dir die Zeit, dich wieder damit zu beschäftigen. Erkenne deine Geschenke, die du in die Welt gebracht hast, und erfreue dich an ihnen. Dies wird dir den Weg zeigen zu deinen Gaben und Aufgaben.

ANGELIKA SCHUMANN ist Coach, Heilerin und Autorin.
Als Sängerin weiß sie ihre Stimme lebendig einzusetzen.

So vertont sie ihre eigenen Geschichten in Podcasts oder auf YouTube, um zu berühren und Mut zu machen. Selbstverständlich dürfen die Drachen dabei nicht fehlen!

IHR GESCHENK an dich ist eine meditative Reise mit dem Titel „Erkenne dich selbst": https://angelikaschumann.de/dein-geschenk/

Mache deine Welt bunt

von Csilla Wolkerstorfer

TAGTÄGLICH BEGEGNEN UNS FARBEN. Es gibt wohl keinen Menschen, der ihre Wirkung noch nie gespürt hat. Hast du jemals über ihre Bedeutung und ihre Wirkung auf uns Menschen nachgedacht? Wie wirkt zum Beispiel eine Frau auf dich, die ein rotes Kleid trägt? Ein Mann mit einem rosafarbigen Hemd? Ein Zimmer, dessen Wände grau oder aber orange gestrichen sind? Wie wirken die vier Jahreszeiten mit ihren Farben auf dich? Empfindest du dabei gleich oder gibt es Unterschiede?

Im Marketing und in der Werbung werden Farben ganz gezielt eingesetzt, um die gewünschten Effekte zu erreichen. Dazu gehört die Wiedererkennung. An welches Unternehmen denkst du, wenn es ums Essen geht und du die Farben gelb und rot siehst? Woran bei grün, wenn du tanken fährst? Es gibt unzählige Beispiele, welche Rolle Farben in unserem Alltag spielen und wie sie – meistens unbewusst – auf uns wirken.

Wie alles auf dieser Welt haben auch Farben ihre eigenen Schwingungen. Jede Farbe hat eine andere Frequenz. Die Farben spiegeln unser inneres Befinden ganz genau wider. Sie können unsere Laune, unseren Gemütszustand beeinflussen und die Körperfunktionen verändern. Die Anwendung gewisser Farben kann sich sogar positiv auf unsere Gesundheit auswirken. Das ist die Kraft der Farben. Sie können uns unsere Gefühle, Emotionen, Gedanken, Sehnsüchte und unser seelisches Befinden aufzeigen. Dadurch können sie uns auch helfen zu erkennen und zu verstehen, was in uns vor sich geht.

Du nimmst vermutlich bei der einen Farbe ganz bestimmte Gefühle und Emotionen wahr und dir erscheinen ganz andere Gedanken und Bilder bei einer anderen Farbe. Auch wenn wir es wollten, wir können bei zwei unterschiedlichen Farben einfach nicht gleich empfinden. Nicht einmal bei hell- und dunkelblau, obwohl diese beiden eigentlich dieselbe Farbe sind.

Das Thema Farben und ihre Wirkung fasziniert mich bereits seit Jahren oder sogar Jahrzehnten. Ganz bewusst wende ich sie seit etwa 2014/2015 an, seit ich einen Feng-Shui Kurs besucht habe. Ich habe meine Wohnung im Zuge dessen nach der Lehre der Fünf Elemente umgestaltet. Was für ein großes Projekt das damals war! In mehreren Etappen habe ich entrümpelt (es befreit enorm, probier´s mal aus!), alle Räume gestrichen, die Gegenstände bestmöglich farblich passend platziert. Ob diese Methode wirkt oder nicht sei in diesem Moment dahingestellt, die Energie und die Ausstrahlung meiner Wohnung ist seither jedoch noch feiner, ästhetischer, harmonischer und ausgeglichener, als sie vorher schon war.

Bevor ich auf die einzelnen Farben detaillierter eingehe, möchte ich dir zum besseren Verständnis ein wenig Grundwissen vermitteln.

Primär-, Sekundär- und Tertiärfarben

TIPP: Suche dir am besten im Internet einen Farbkreis heraus, um dir die folgenden Beschreibungen leichter vorstellen zu können. Das ist vor allem dann sehr hilfreich, wenn du ein visueller Typ bist!

Primärfarben: Gelb, rot und blau – diese Farben kann man nicht aus anderen Farben mischen.

Sekundärfarben: Grün, violett und orange – sie entstehen, wenn man die Primärfarben miteinander mischt.

Tertiärfarben: Sie entstehen, wenn man eine Primärfarbe mit einer Sekundärfarbe mischt.

Komplementärfarben: Rot & grün, orange & blau, gelb & lila sind die Farben, die auf dem Farbkreis gegenüber liegen.

Schwarz, weiß und grau sind technisch gesehen keine Farben, werden aber meistens als Farben genannt. Sie sind unbunte Farben.

Alle anderen Farben, ich denke dabei zum Beispiel an türkis, flieder usw. kann man aus den bereits beschriebenen Farben selber mischen. Mit den dunkleren Farben und schwarz können wir die Farbintensität erhöhen, mit den helleren Farben und weiß verringern. Dabei sind der Kreativität natürlich keine Grenzen gesetzt.

TIPP: Wenn du malst oder es mal versuchen und selber Farben mischen möchtest, achte darauf, dass du von jeder Farbe immer nur eine kleine Menge nimmst.

Welche Bedeutung die einzelnen Farben haben, hängt auch vom zeitlichen und kulturellen Kontext ab. Zum Beispiel ist die Farbe für Trauer in den westlichen Ländern schwarz. Früher wurde sie aber in Europa neben schwarz auch durch weiß zum Ausdruck gebracht. In den buddhistisch geprägten Ländern ist weiß, im alten Ägypten war gelb das Zeichen für Trauer. In den USA ist grün die Farbe des Neids, in Europa hingegen gelb. Wenn wir also Farben anwenden, sollten wir auch darauf achten, in welcher Region welche Farbe welche Bedeutung hat. In den östlichen Ländern, wie z.B. in China, werden die Farben im und vom Volk viel ausdrucksvoller und bewusster angewendet als in den westlichen Ländern.

Mit Farben können wir gewisse Eigenschaften stärken oder schwächen, also harmonisieren. Eigenschaften, die für uns meist negativ behaftet sind, können in gewissen Situationen sehr wohl als positiv gelten. Die Ablehnung einer bestimmten Farbe kann auch auf eine Eigenschaft hinweisen, die wir mit dieser Farbe stärken können.

Ich bin überzeugt, dass wir mit Farben unser Befinden und

Verhalten bewusst verändern können – wenn wir das möchten. Unbewusst tun sie es sowieso.

Endlich komme ich jetzt zu den Farben und ihren Eigenschaften. Ich zähle bei den Farben die Schlüsselwörter auf, egal ob positiv oder negativ behaftet, ohne zwei Gruppen zu bilden. Nimm für dich mit, welche Eigenschaften du in deinem Leben ausgleichen möchtest. Du wirst dadurch sehr viel über dich erfahren, da bin ich mir ganz sicher.

Ich lade dich jetzt herzlich ein, dich auf diese Reise zu begeben. Viel Spaß dabei!

ROT: Wurzelchakra, Energie, Wärme, Eleganz, Liebe, Leidenschaft, Gefühle, Temperament, Kraft, Dynamik, Aktivität, Mut, Feuer, Entstehung, Beginn, Erdung, Verbindung mit Mutter Erde, Wachstum, Willensstärke, Gefahr, Zerstörung, Gewalt, Hass, Zorn, Ungeduld, Besitzergriff, Sturheit, Scham, mangelndes Selbstbewusstsein, Unruhe, Lärm, das Verbotene, zu stark materiell sein, Groll, Wut, Aggression, Macht, waghalsig.

Orange: Sakralchakra, Warmherzigkeit, Großzügigkeit, Toleranz, unermüdlich, Geselligkeit, frei, ideenreich, Kreativität, Kunst, Schönheit, Freude, Lachen, fröhlich, Lebensfreude, Lebhaftigkeit, Lebensbejahung, Ausgelassenheit, Genuss, Schwung, Spaß, Sexualität, schöpfende Kraft, Aufdringlichkeit, Angeberei, selbstsüchtig, zu stolz, irreführend, Süchte, Schock, Trauma, Eitelkeit, Unentschlossenheit.

Gelb: Solarplexus, Licht, Sonne, Erleuchtung, Helligkeit, Wachheit, schneller Verstand, Kreativität, Optimismus, Lebensfreude, Vergnügen, Freundlichkeit, lustig, Weisheit, Toleranz, Selbstbewusstsein, Fröhlichkeit, Ursprung, Geschwindigkeit, Aufrichtigkeit, Geradlinigkeit, Neid, Verrat, Feigheit, hinterhältig, Zerstreutheit, Unaufmerksamkeit, Unsicherheit, ungeduldig.

Grün: Herzchakra, Gleichgewicht, Stabilität, Fruchtbarkeit,

Diskretion, Einfühlsamkeit, rücksichtsvoll, pragmatisch, Liebe, Heilung, Ruhe, Ausgeglichenheit, Balance, Harmonie, innerer Frieden, Zuverlässigkeit, Freundlichkeit, offenherzig, Natur, Ungleichgewicht, Unentschlossenheit, Unzufriedenheit, Unsicherheit, Neid, Eifersucht.

Hellblau: Halschakra, Kommunikation, Selbst-Ausdruck, Ruhe, Frieden, Inspiration, höheres Selbst, Wahrheit, Harmonie, Weisheit, Geduld, (Selbst)Verwirklichung, Stille, Heilung, Sanftheit, Treue, Vorstellungskraft, Schwäche, emotionale Labilität, Aberglaube, Kühle, innere Unruhe, Traurigkeit, Einsamkeit, Verschlossenheit, Angst, Depression.

Indigoblau, tiefblau: Stirnchakra, Präsenz, Intuition, Visualisation, Telepathie, Weisheit, Lebensphilosophie, Medium (Reinsehen, Reinhören), Denken, Gedanken, Tiefe, Seele, Geist, innere Führung, göttliche Inspiration, Klarheit, Distanz, Sucht, Abgrenzung, Einsamkeit, Flucht in eine Traumwelt.

Violett: Kronenchakra, Erleuchtung, Mystik, Spiritualität, Meditation, Wandlung, das Unbewusste, Heilen, innerer Frieden, Befreiung, Luxus, Rückzug, Einsamkeit, Kummer, versteckter Zorn, Suchtkrankheiten, Schmerz, Selbstbezogenheit, Eitelkeit, Genügsamkeit.

Weiß: Unbunte Farbe, Reinheit, Jungfräulichkeit, Unschuld, Licht, Tränen, reines Blatt, Neubeginn, Ganzheit, Vollkommenheit, Einheit, Offenheit, Klarheit, Ästhetik, Hochzeit, Minimalismus, Isolation, Unfruchtbarkeit, Starrheit, Frust, Langeweile.

Schwarz: Unbunte Farbe, schmerzlindernd, Standhaftigkeit, Ausdauer, Dunkelheit, Schatten, Tod, Trauer, Ende, Traurigkeit, Verzicht, Passivität, Verlust, Depression, Enttäuschung, Müdigkeit, Erschöpfung.

Grau: Unbunte, neutrale Farbe, wird meistens unterstützend für eine andere, stärkere Farbe verwendet, Reife, Verantwortung, Formalität, Zuverlässigkeit, Professionalität, Autorität, Stabilität, Ruhe, Würde, Erneuerung, dezent, sachlich, schlicht, ernsthaft, reserviert, konservativ, emotionslos, konventionell, graue Haare, alt werden, Alter, Herbst, Nebel, Schatten.

Braun: Erde, Mutter Erde, fruchtbarer Boden, Wurzel, Familie, Tradition, Harmonie, Sicherheit, Stabilität, Festigkeit, Geborgenheit, beruhigend, Zuverlässigkeit, Verzicht, Reue, Unsicherheit, Mangel an Selbstwertgefühl, anspruchslos.

Rosa: Weiblichkeit, weibliche Intuition, Romantik, Einfühlungsvermögen, Zartheit, Zärtlichkeit, süß, niedlich, charmant, weich, Selbstliebe, bedingungslose Liebe, Achtsamkeit, Sensitivität, Wertschätzung, Dankbarkeit, Hingabe, Fürsorge, beruhigend, lindert den Mangel an Liebe und Selbstbewusstsein und die Aggressivität, Verletzlichkeit (seelisch), ausgeliefert, mangelndes Selbstbewusstsein, klammern, Aggression.

Gold: Wohlstand, Wachstum, Erfolg, Sonne, Farbe des Königs, Mann, Luxus, Gewinner, hell, freudig, Vertrauen, Großzügigkeit, Reife, Weisheit, Wissen, Gerechtigkeit, Betrug, Habgier, Selbstgefälligkeit, Paranoia, Misstrauen, Urteil, Zweifel.

Silber: Wohlstand, Wachstum, Erfolg, Farbe der Königin, Mond, Weiblichkeit, Frau, Anmut, Eleganz, Wachstum, Treue, Wahrheit, erhellen, widerspiegeln, unvoreingenommen, vorurteilslos, täuschend, zwei Gesichter, illusorisch.

Ein wenig Numerologie

Ich möchte dir noch eine nette kleine Zugabe mitgeben, die dir allerdings große Erkenntnisse bringen wird.

Zu dieser Übung ziehen wir die Numerologie heran. Wie du schon weißt, ist alles Energie, daher haben die Zahlen und die Farben auch ihre eigenen Energien.

Du kannst mit dieser Methode feststellen, welche Farben in deinem Namen vorhanden sind und welche Farben fehlen. Diese fehlenden Farben kannst du dann mit deiner Bekleidung, mit verschiedenen Accessoires wie Schmuck, Schals usw. ausgleichen. Du kannst auch gerne Bilder, Mandalas und verschiedene Gegenstände in den fehlenden Farben in deiner Wohnung oder in deinem Haus platzieren.

Wenn jemand bei mir ein persönliches Seelenmandala bestellt, schaue ich mir zuerst mit dieser Methode an, welche Farben zu stärken sind. Aus sehr interessanten Farbkombinationen entstehen dabei immer wieder wunderschöne und harmonische Mandalas.

Achte bei der Gestaltung auf jeden Fall darauf, dass trotzdem alles ästhetisch aussieht. Das ist nämlich wichtiger, als dass du unbedingt etwas in einer bestimmten Farbe unterbringst. Sei kreativ und du findest bestimmt eine Lösung!

Du siehst unterhalb eine Tabelle, in der jede Farbe und jeder Buchstabe einer Zahl zugeordnet ist.

Nimm nun einen Zettel und Stift zur Hand. Schreibe deinen vollständigen Namen auf das Papier, am besten mit Großbuchstaben entweder waagrecht oder senkrecht, so dass du entweder darüber, darunter oder daneben Platz für die zugeordnete Zahl hast.

BEISPIEL:

MARIA MUSTERMANN
4 1 9 9 1 4 3 1 2 5 9 4 1 5 5

DANN SIEH DIR AN, welche Zahlen wie oft vorkommen. So kannst du feststellen, welche Farben in deinem Namen vertreten sind und welche nicht. In diesem Beispiel haben wir 1 (4-mal), 2 (1-mal), 3 (1-mal), 4 (3-mal), 5 (3-mal) und 9 (3-mal), also rot, orange, gelb, grün, hellblau und gold. Es fehlen 6, 7 und 8, also dunkelblau, lila und rosa.

Du kannst auch dein Geburtsdatum dazu nehmen und diese Kombination auswerten. Je nach Ergebnis, also welche Farben fehlen oder nur in geringer Anzahl vertreten sind, kannst du sie bewusst in deinen Alltag einfließen lassen.

Möglicherweise wirst du spätestens bei dieser Übung feststellen, bei welchen Farben du einen Widerstand hast. In diesem Fall lohnt es sich, dich damit zu beschäftigen, welche Ursachen das haben mag.

Zur Unterstützung einige Fragen dazu:

Hast du diese Farbe jemals gemocht?

Wenn ja, wann hat sich das geändert?

Hast du eine schlechte Erfahrung gemacht, hast du schlechte Erinnerungen, bei denen diese Farbe dominiert hat?

Wenn dir nichts dazu einfällt, miss dem bitte keine zu große Bedeutung bei. Vielleicht magst du diese Farbe einfach nicht und es ist gar nicht wichtig zu wissen warum. Nimm es locker, spielerisch und habe einfach Spaß! Ich vermute, du wirst auch so das eine oder andere AHA-Erlebnis haben ☺

ZAHL	FARBE	BUCHSTABE	BUCHSTABE	BUCHSTABE
1	ROT	A	J	S
2	ORANGE	B	K	T
3	GELB	C	L	U
4	GRÜN	D	M	V
5	HELLBLAU	E	N	W
6	DUNKELBLAU	F	O	X
7	LILA	G	P	Y
8	ROSA	H	Q	Z
9	GOLD	I	R	

Ich hoffe, du hattest Spaß, die Farben auf diese Art und Weise kennenzulernen!

Ich wünsche dir ein buntes, farbenfrohes und harmonisches Leben!

CSILLA WOLKERSTORFER *ist Künstlerin, Energetikerin, Angestellte, Mutter und Großmutter. Beim Malen und der Energiearbeit begeistern sie die Chakren am meisten. Sie inspiriert Menschen dazu, ihre Kreativität zu entfalten und ihre Chakren zu harmonisieren.*

IHR GESCHENK *an dich ist ein E-Book über die Kraft der Farben - Chakralehre geschmückt mit Chakrakunst: http://bit.ly/vonmirfürdich*

Kaffee mit Folgen!

von Christine Meyne

DREI TAGE lang habe ich aufgeräumt, geputzt und ganz viel Krimskrams entsorgt. Jetzt sitze ich hier in meinem Wohnzimmer mit einer schönen Tasse Kaffee. Der Akku meines Handys ist voll aufgeladen, und ich warte auf den Videoanruf. Ich bin so aufgeregt, dass mein Atem ganz unruhig ist. Was wird sie sagen? Wie wird ihr meine Wohnung gefallen? Meine Wohnung, in der ich zusammen mit meinem lieben Mann lebe, wir sind seit 27 Jahren verheiratet. Vor drei Monaten ist unser jüngster Sohn nach Berlin gezogen, um dort zu studieren. Die beiden Großen stehen schon länger auf eigenen Beinen. Im Haus ist es seither sehr ruhig geworden. Keine spontanen Besuche von jungen Leuten, kein Gelächter aus der oberen Etage und keine Unordnung im Flur. Jetzt herrscht hier oft Stille, und ich darf neue Aufgaben finden. Vielen unserer Möbel sieht man ihr intensives Leben an, uns gefallen sie immer noch gut, und dennoch haben die Zeit und die Familie Spuren hinterlassen, so wie bei mir auch. Was Frau M. wohl dazu sagt? Oder wie sie unseren bunten Mix aus Antiquitäten und modernen Möbeln findet? Ich bin echt aufgeregt. Irgendwie ist es ein komisches Gefühl, wenn ein fremder Mensch auf einmal nach Hause kommt, auch wenn es via Video ist. Ich wäre niemals auf die Idee gekommen, mir einen Feng-Shui-Termin zu gönnen. Meine Freundinnen haben mir diesen Termin zum Geburtstag geschenkt und gleich drei Termine zur Auswahl gebucht, sodass mir keine Ausrede blieb. Zuerst war ich fast sauer. Ich muss noch grinsen, wenn ich an meine Reaktion denke: „Gefällt denen meine Wohnung nicht mehr?" „Ich brauche doch keine Beratung, ich weiß, was mir gefällt und was nicht" usw. Silke konnte mich umstimmen, als sie mir erklärte, dass es nicht um meinen Einrichtungsstil geht, sondern um die Energie der Räume. Was meint sie wohl damit? Ich bin echt froh, dass ich gleich mehr erfahre, meine Nervosität steigt. Ob meine Einrichtung einer Feng-Shui-Beratung standhält? Was mache ich, wenn nicht? Hoffentlich möchte sie mir keinen chinesischen Feng-Shui-Kram verkaufen, da stehe ich so gar nicht drauf.

OH, jetzt klingelt es. Noch einmal tief durchatmen. Los geht's. Auf dem Bildschirm erscheint das lächelnde Gesicht einer Frau mit schlohweißen Haaren. Oh, Frau M. sieht nett aus. Ups! Scheinbar hatte ich eine ganz besondere Vorstellung, wie eine Feng-Shui-Beraterin aussehen soll. Automatisch muss ich grinsen, und alle Vorbehalte sind dahin. Nach einem kurzen Hallo fragt sie mich, wie ich mir den heutigen Termin vorgestellt habe. Erst wollte ich schon sagen: „Gar nicht!" Aber das stimmt nicht. Ich habe mir ein paarmal versucht vorzustellen, wie es wohl sein wird, wenn jemand Fremdes mich und meine Wohnung begutachtet. Und das hat mir kein gutes Gefühl bereitet. Ein paarmal habe ich mich so gefühlt wie ganz früher, wenn ich mein Zimmer aufräumen sollte und mein Papa hinterher kontrollieren wollte, ob alles wirklich ordentlich ist. Frau M. muss lachen und sagt, dass sie das schon öfter gehört hat und dass es ihr genauso ging, als sie damals zum ersten Ausbildungsblock fuhr. Sie habe auch alles geputzt und aufgeräumt und dann Fotos gemacht. Als sie die Bilder ganz stolz gezeigt habe, sei ihr aufgefallen, wie unpersönlich und kühl die Räume auf den Fotos wirkten, in Wirklichkeit sah ihre Wohnung nie so aus, sagt sie lachend. Und ihr sei erst viel später bewusst geworden, dass sie ganz viel von sich selbst nicht zeigen wollte. Ich glaube, genau das ist der Grund, warum ich so viele Kleinigkeiten und persönliche Dinge weggeräumt habe. Ich möchte mir nicht in die Karten schauen lassen. Ich möchte nicht, dass irgendjemand mich anhand all der Dinge, die sich in meiner Wohnung befinden, be- oder noch schlimmer verurteilen kann. *„Ja, so eine Feng-Shui-Beratung ist eine wirklich sehr persönliche Angelegenheit. In der Achtsamkeit für mich an erster Stelle steht. Und keine Sorge, ich werde dich nicht bewerten. Mir geht es darum, dass du erfährst, welche Wirkung bestimmte Wohnsituationen auf dich haben. Als du den ganzen Krimskrams weggeräumt hast, wie war das für dich?"* Oh, das war tatsächlich spannend, da kamen mir ganz viele Erinnerungen in den Sinn. Erinnerungen, die ich mit den einzelnen Gegenständen verbinde, die Bilder, die die Kinder anlässlich meines Geburtstages gemalt hatten, oder der getrocknete Rosenstrauß von unserer Silberhochzeit. Und dann waren da auch einige Verpflichtungen, Geschenke, die ich erhalten hatte und nie wirklich leiden mochte und aus reiner Höflichkeit behalten habe. *„Oh ja, das ist für viele von uns ein heikles Thema"*, sagt Frau M. *„Wie gehe ich mit Geschenken um, die ich nicht mag?*

‚Meine beste Freundin hat mir das Bild geschenkt, wie sieht das denn aus, wenn ich das jetzt einfach wegwerfe?' Na ja, es kann sein, dass die beste Freundin enttäuscht ist. Doch was passiert, wenn du das Bild nicht leiden kannst und es trotzdem in deiner Wohnung behältst? Jedes Mal, wenn du an dem Bild vorbeikommst, nimmt dein Unterbewusstsein wahr, dass du das Wohl der anderen über dein eigenes stellst. Möchtest du das? Alles, was uns umgibt, beeinflusst uns. Es kann uns schwächen, so wie eben beschrieben, oder unsere Umgebung kann uns stärken. Bleiben wir bei dem Beispiel mit dem Bild. Wenn du das Bild aus deiner Wohnung entfernst, das kannst du ja auf verschiedene Weisen machen, folgst du deinen Bedürfnissen und stehst selbst für dich ein. Das stärkt dich. Danach könntest du an die gleiche Stelle ein Bild hängen, das dein Herz höherschlagen lässt, das wirkt dann

zusätzlich positiv auf dich. Kannst du den Unterschied spüren?" Automatisch beginne ich zu nicken, ja, das ist ein großer Unterschied. *„Gehen wir noch einen Schritt weiter, stell dir bitte vor, die unbeliebte Erbtante deines Mannes hätte euch einen extrem hässlichen Kerzenständer geschenkt. Um die Erbtante nicht zu verärgern, stellst du den Kerzenständer gut sichtbar ins Wohnzimmer. Jedes Mal, wenn du im Wohnzimmer bist, wirst du an die Tante erinnert und daran, dass du dich verbiegst, um ihr zu gefallen. Was macht das wohl mit dir? Genau, es schwächt dich. Das wäre fast so, als würde die Dame ständig in deinem Wohnzimmer sitzen und dich herausfordernd anschauen. Deshalb ist es für mich extrem wichtig, dass wir uns nur mit den Dingen umgeben, die wir wirklich lieben oder die uns unterstützen. Wie zum Beispiel mein Staubsauger, ohne ihn wäre mein Leben viel anstrengender, also hat mein Staubsauger seinen eigenen Platz in meinem Hauswirtschaftsraum, das ehrt ihn. Für mich liegt die Basis für eine nährende Wohnung, in der wir uns regenerieren und entspannen können, darin, dass wir uns von all den Dingen trennen, die uns und unser energetisches System schwächen. Also bist du ja intuitiv schon den ersten Schritt gegangen, als du den Krimskrams aussortiert hast."* Sagt sie mit einem augenzwinkernden Lächeln. *„Super. Was ist dein persönliches Ziel für diese Beratung?"* Das ist eine gute Frage. Mein Leben verändert sich gerade komplett. In den letzten Jahren hat sich alles um die Kinder und die Familie gedreht, und plötzlich bin ich hier die meiste Zeit alleine. Max, mein Partner, findet seine Erfüllung in seinem Job und seinen Hobbys. Und ich habe keine Lust darauf, zu der nörgelnden Hausfrau zu werden, die nur darauf wartet, dass der Gatte nach Hause kommt, um ihn zu betüddeln. Aber aktuell weiß ich noch nicht, in welche Richtung ich mich orientieren soll. Der Zahnarzt, bei dem ich in den letzten Jahren in Teilzeit beschäftigt war, hat seine Praxis verkauft, und mit seinem Nachfolger fühle ich mich nicht verbunden. Ich wünsche mir eine Beschäftigung, die mir Freude bereitet und mich intellektuell ausfüllt. Aber was hat das mit meinem Zuhause zu tun?

„Wie schon gesagt, unsere Umgebung wirkt immer auf uns, und das auf

ganz verschiedenen Ebenen! Stell dir bitte vor, dass du dich in einem kleinen Fachwerkhaus am Waldrand befindest. Die Räume sind niedrig, die Einrichtung ist in Beige und Brauntönen gehalten, durch die kleinen Fenster dringt nur wenig Licht. Wie fühlst du dich?" Ich kann die Atmosphäre des Hauses sofort wahrnehmen, sehr gemütlich und ein bisschen plüschig und eng. Direkt kommt das Bedürfnis, mich in einen Sessel zu kuscheln, die Füße hochzulegen und bei einer Tasse Tee ein gutes Buch zu lesen.

„Jetzt stell dir bitte vor, du befindest dich in der 36. Etage in einem Hochhaus in Dubai, alles ist supermodern, sehr elegant und hochwertig ausgestattet. Wie fühlst du dich da?" Ich merke sofort, dass sich meine Körperhaltung verändert, der Rücken wird etwas gerader, die Nase geht unmerklich nach oben. Ich fühle mich gleich viel aktiver und möchte Teil der internationalen Businesswelt sein.

Es ist echt enorm, wie unterschiedlich sich die beiden Räume anfühlen. *„Wo würdest du lieber leben?"* Das ist eine gute Frage. Weder noch. *„Diese beiden sehr unterschiedlichen Wohnsituationen veranschaulichen sehr gut, welche Wirkung der Ort und die Gestaltung der Räume auf uns haben. Es geht nicht darum, die eine Art gut oder schlecht zu machen. Es geht darum, den optimalen Raum für dich und deine einzigartige Persönlichkeit zu kreieren. Es geht darum, Klarheit mit den Bedürfnissen, die unser Körper und unser komplettes Energiesystem haben, zu erlangen und diese zu realisieren. Und es geht darum, sich dem Fluss des Lebens und dem Rhythmus der Erde wieder hinzugeben, damit wir uns besser entspannen können. Alle Feng-Shui-Regeln und -Gesetze wurden zu dem Zweck erschaffen, die optimale Umgebung für jeden einzelnen Menschen und seine persönliche Entwicklung zu gestalten. Durch den gezielten Einsatz von Formen, Farben, Materialien und Symbolen können wir die Wirkung, die ein Raum auf uns hat, bewusst zu unseren Gunsten verändern. Keine Sorge, dein Körper und dein Wesen wissen, welche Umgebung sie benötigen, später in der Übung wirst du das erfahren. Es gibt so viele Ebenen und Aspekte, die uns beeinflussen, doch das führt jetzt zu weit. Heute erhältst du einige Impulse von mir, und du hast die Möglichkeit, mit dem Wesen deines*

Hauses zu kommunizieren. Ja, du hast richtig gehört, jedes Haus, jede Wohnung besitzt ein Wesen. Für alle logisch geprägten Menschen der westlichen Kultur ist dieser Gedanke oft eine große Herausforderung. Und dennoch muss unser Verstand eingestehen, dass jedes Haus eine eigene Ausstrahlung besitzt, Fachwerkhaus versus Hochhaus. Was wäre, wenn wir uns erlauben, noch weitere Wesenszüge auf anderen Ebenen wahrzunehmen? Wenn du magst, lade ich dich zu einer energetischen Reise zum Wesen deines Hauses ein." Ich bin von Natur aus neugierig, also los geht's.

Ich sitze ganz entspannt im Sessel und folge den Anweisungen der Stimme aus meinem Telefon. Dadurch werde ich immer ruhiger und entspannter *„Jetzt stell dir vor, dass du in der Natur bist, an einem richtig schönen Platz, vielleicht auf einer blühenden Wiese, mit einem kleinen Bach, spüre die Energie dieses perfekten Platzes, an dem dein Körper und dein komplettes System vollkommen erfüllt und genährt sind."* Wow, das ist ein gutes Gefühl! *„Jetzt betrachte dein Haus von außen, begrüße das Wesen deines Hauses und bitte es jetzt um seine Unterstützung. Und jetzt stell dir vor, dass du dein Haus betrittst, von der Straße, durch den kleinen Vorgarten zur Haustür, und spüre und nimm wahr, was in diesem Bereich mit deiner aktuellen Schwingung übereinstimmt und was nicht dieser Frequenz entspricht."* Oh Mist, die Sommerblumen in den Kübeln vor dem Haus wollte ich schon seit einigen Tagen ersetzen, das ist das Erste, was mir einfällt. Dann noch die defekte Außenlampe. Die neuen Kissen auf der Bank neben der Haustür sind schön und passen zu meiner aktuellen Schwingung. *„Ist der Weg zum Haus gut beleuchtet? Gibt es ein gut lesbares Namensschild, Briefkasten und Klingelknopf? Dadurch weiß das Universum und wissen alle Besucher, wer hier wohnt, und alle Lieferungen können ganz leicht zugestellt werden."* Ich bin richtig erleichtert, dass wir im letzten Jahr eine schöne neue Klingelanlage mit Videokamera installiert haben. *„Und jetzt betritt das Haus und nimm deinen Eingangsbereich wahr, wie wirkt er auf dich? Worauf fällt dein erster Blick? Ist es hier harmonisch und ordentlich? Oder stehen Schuhe auf der Erde? Hängen viele Jacken und Mäntel an der Garde-*

robe? Welche Bilder, Farben, Gegenstände nimmst du wahr, und passen sie zu deiner aktuellen Schwingung? Nimm bitte erst einmal nur wahr." Ich freue mich ohnehin schon täglich, dass jetzt keine Schuhe mehr herumstehen. Ja, die Garderobe, das leidige Thema. Mir fällt da keine Lösung ein. Gestrichen müsste auch mal wieder werden, der große Spiegel gegenüber der Eingangstür ist eins meiner Lieblingsstücke ...
„Und jetzt geh von Raum zu Raum und nimm einfach nur wahr. Wenn du in jedem Raum warst, kannst du die Augen wieder öffnen und dir alle Informationen notieren." Wow, da kommt einiges zusammen, sowohl positive als auch Dinge, die verändert werden wollen. Und einige Male denke ich: Gut, dass ich den Bereich nicht per Video zeigen muss, alle diese Ecken stehen jetzt auf der Liste.

ICH BIN ÜBERWÄLTIGT. Irgendwie ist es wirklich so, als hätte das Haus mit mir kommuniziert. Sehr spannend, gestern hätte ich das noch für Hokuspokus gehalten. Doch jetzt habe ich es ja selbst erlebt. Was mich wirklich überwältigt, ist, dass ich jetzt weiß, wie ich die Stellen verändern kann, die mich schon länger stören. Auf einmal ist mir klar, wie es am schönsten aussieht oder am sinnvollsten gelöst werden kann. Frau M. lacht, als ich ihr erzähle, dass ich das gestern noch als Hokuspokus abgetan hätte. „Ja, das höre ich öfter. Dabei ist es so einfach, du hast ja selbst erlebt, wie schnell du Klarheit mit manchen Wohnsituationen erhalten kannst. Das kann jeder. Viele Menschen machen das ganz unbewusst und ganz selbstverständlich. Mein Traum ist es, dass immer mehr Menschen erleben, wie wichtig eine nährende Umgebung für unser Wohlbefinden ist, und dass jeder die Möglichkeit hat, diese selbst zu gestalten. Dass alle Menschen ihre eigene Home-Connection haben! Das Aussortieren und Loslassen und die Kommunikation mit unseren Räumen sind dabei elementar wichtig. Danach folgen noch einige Ebenen wie zum Beispiel der Energiefluss und ein ausgeglichenes Zusammenspiel von Yin und Yang. Das kann, mit ein bisschen Übung, auch jeder selbst verändern. Die Elementelehre und die Berechnung der Bagua-Bereiche sind dann schon *komplexer und erfordern eine fundierte Ausbildung."* Ich bin auf jeden Fall happy. Wie wird sich diese Klarheit wohl auf meine aktuelle Situation auswirken? Frau M. sagt: *"Wie außen, so innen – und umgekehrt."* Wir besprechen noch einige Themen, die auf meiner Liste stehen, und mit welchem Symbol ich meinen Wunsch nach einer neuen Lebensaufgabe noch besser manifestieren kann. Meine Freundinnen werden sich wundern, wenn ich von diesem Termin berichte ...

CHRISTINE MEYNE *ist lebensfrohe Unternehmerin, Frau und Mutter. Sie begleitet Menschen dabei, das Leben zu kreieren, das sie sich wirklich wünschen. Ein wichtiger Bereich ist dabei die Kreation von individuellen, harmonischen und nährenden Lebensräumen, die ihre Kunden bei ihrer Potenzialentfaltung unterstützen. Ihre freie Zeit verbringt sie gerne in der Natur, mit Reisen oder bei einer guten Tasse Kaffee.*

IHR GESCHENK *für dich ist die Home-Connection – Verbinde dich jetzt mit deinen Räumen und kreiere dein harmonisches, nährendes Zuhause:* https://christinemeyne.com/Geschenke/

Mystik & Magie des Kartenlegens - wie du mehr Klarheit im Leben bekommst

von Michaela Wetzel

DER VOLLMOND LEUCHTET und Nebelschwaden ziehen über das Land. Ein leichter Wind streicht durch Bäume und Büsche. Keine Menschenseele ist zu sehen. Da erscheint ein Schatten, der sich langsam im Verborgenen an den Häuserwänden entlang schleicht. In geduckter Haltung sucht er im Schutz der Bäume den Weg zu einem einsamen Zigeunerwagen, der am Feldrand steht. Die Tür öffnet sich und eine Dame mit langem, schwarzem Haar, großen Ohrringen und viel Silberschmuck am Hals und an den Armen erscheint im düsteren Licht einer Kerze im Hintergrund. Um ihre Beine streicht eine schwarze Katze und auf dem Wagendach sitzt eine Krähe. Sie beobachtet genau, was geschieht. Die Zigeunerin bittet die Gestalt ins Innere des Wagens, wo sie sich mit ihr an einen Tisch setzt. Kerzen erhellen nur ungenügend dem Raum. Auf dem Tisch steht eine Glaskugel und daneben liegt ein abgenutztes Kartendeck, auf dem die Bilder kaum noch zu erkennen sind. Die Zigeunerin legt die Karten aus und sagt der Gestalt, was sie in Zukunft zu erwarten hat. Wo findet sie das Glück und wo lauern die Gefahren, wo schlägt der Tod als Nächstes zu …

Dieses Bild erscheint auch heute noch vor unserem inneren Auge, wenn es um das Thema Kartenlegen geht. Es hat etwas Mystisches und auch Magisches. Und so sind auch viele Kartendecks gestaltet. Allerdings es ist heute viel leichter, sich beraten zu lassen - und auch bei weitem nicht mehr so gefährlich. Man schaut einfach im Internet auf einschlägigen Portalen und wählt sich die Person aus, die einem zusagt. Man muss noch nicht einmal die eigenen vier Wände verlassen. Alles läuft völlig anonym ab. Allerdings geht hier ganz viel von der Magie verloren, was ich sehr schade finde. Denn die Karten sind für mich nicht nur ein wertvolles Werkzeug, sondern auch treue Weggefährten, die mich auf meinem Weg begleiten und mir immer hilfreich zur Seite stehen. Sie unterstützen mich dabei, auch anderen Menschen Antworten zu geben und Lösungen aufzuzeigen. Sie sind meine Verbindung zum Universum, auf die ich mich immer verlassen kann. Und vielleicht spürst auch du eine magische Anziehungskraft oder eine Verbindung zu den Karten und möchtest sie zu deinen Wegbegleitern machen. Was wäre, wenn Kartenlegen eine Magie ist, die verzaubern kann? Eine magische Möglichkeit, uns unserem Inneren näherzubringen und uns zu zeigen, was in jedem von uns steckt? Ja, sie können dir helfen, dich selber zu erkennen.

Lass uns doch mal schauen, was hinter den Karten steckt, oder besser gesagt: in den Karten. Wie kann es sein, dass die Karten die Zukunft deuten? Woher wissen die Karten, dass ein neuer Mann bzw. eine neue Frau ins Leben kommt, oder aber, dass der jüngste Sohn mal studieren wird? Woher wissen sie, dass jemand die Kündigung oder vielleicht aber auch einen neuen Job bekommt? Dass die Selbständigkeit erfolgreich wird oder ein Umzug ansteht? Als Erstes möchte ich hierzu sagen, dass in den Karten nur die Tendenzen zu sehen sind, aber nichts ist in Stein gemeißelt. Deswegen sind sie ja so ein hervorragendes Hilfswerkzeug. Sie zeigen, auf welchem Weg du dich befindest, und sollten dort irgendwelche Steine im Weg liegen, so zeigen sich auch Möglichkeiten, diese „Blockaden" zu umgehen oder aber einen anderen Weg einzuschlagen. Die Karten ändern nicht dein Leben, aber sie können dir zeigen, wo es hakt und warum etwas immer wieder passiert. Ein großes Thema dabei ist ja die Liebe. Oft wollen wir wissen, wann kommt er, der Prinz auf dem weißen Pferd? Und der Augenmerk liegt auf dem Wort „wann". Wann kommt der richtige Mann, wann finde ich den perfekten Job? Wann bin ich endlich Erfolg-„reich"? Man kann zwar in den Karten Zeittendenzen erkennen, aber es sollte gesagt werden, dass dies auch nur Tendenzen sind. Im Universum hat alles den richtigen Zeitpunkt und so auch auf der Erde. Wenn wir Samen für einen Apfelbaum setzen, können wir die Früchte erst ernten, wenn der Baum stark genug geworden ist, um auch Früchte zu tragen. Wenn wir Tulpenzwiebeln pflanzen, ergibt es keinen Sinn, die Blume abzuschneiden, wenn der Spross gerade mal das Licht erblickt und es bis zur Blüte noch lang hin ist. Wir neigen dazu, am Grashalm zu ziehen, aber dadurch wächst er nicht schneller. Das liegt auch daran, dass wir uns gerade in einer schnelllebigen Zeit aufhalten, in der wir es gewohnt sind, alles schnell zu bekommen. Selbst Bestellungen im Internet werden häufig schon innerhalb von 24 Stunden geliefert. Warum nicht auch die beim Universum? Ganz einfach, weil dein Wunsch nicht vorproduziert wurde, sondern erstmal manifestiert werden muss. Und wie lange dieser Prozess dauert, liegt häufig auch in deinen Händen. Oft ist es ja schon ein Problem, die Lieferung einfach nur entgegen zu nehmen, sprich wir sind in Gedanken und sehen das Glück nicht, wenn es vor unserer Nase steht. Oder wir haben gerade einen Mann oder eine Frau im Kopf, während wir die Stellenangebote durchforsten und schon übersehen wir den Traumjob. Tja, das ist wie eine Nachricht vom Zusteller: „Wir konnten sie leider nicht antreffen, wir versuchen es demnächst nochmal."

Wie gesagt, die häufigsten Themen sind die Liebe und der Beruf. Aber auch die Finanzen und materielle Sicherheit sind oft von großer Bedeutung. Hinzu kommen die Familie, Kinder, Eltern etc. Dies waren lange Zeit die Hauptthemen, mittlerweile sind auch die Spiritualität und das spirituelle Wachstum von immer größerer Bedeutung. Das Glück und die Leichtigkeit, Vitalität und Zeit mit den

Lieben werden immer mehr zu den Prioritäten vieler Menschen. Mit Hilfe der Karten werden Emotionen angeschaut und nach Möglichkeiten gesucht, Blockaden zu lösen, um immer mehr Leichtigkeit zu erfahren. Ich persönlich finde das sehr schön, denn es verändert die Energie der Menschen und auch die ihres Umfeldes. Und gerade hier können die Karten wieder ihre Magie versprühen, denn neben der bewussten Ebene zeigen sie auch hervorragend die unbewusste Ebene. Was wirkt im Unterbewusstsein? Hat man dies erstmal erkannt, kann man die Ursachen bearbeiten. Hier gibt es ganz viele Möglichkeiten, denn so unterschiedlich die Menschen, so unterschiedlich sind auch die Methoden, mit denen man Blockaden bearbeiten kann. Eine gute Möglichkeit mit Blockaden umzugehen ist es auch das „Werkzeug" LOSLASSEN! Loslassen heißt die Emotionen, die bei bestimmten Themen hochkommen, zuzulassen und keinen Widerstand aufzubauen, also keine Energie mehr hineinzustecken. Damit können sich die Themen transformieren.

Oft werden die Karten befragt, um die Zukunft zu erfahren. Wie schon vorher gesagt, zeigen die Karten hier sehr schön die Tendenzen. Du kannst also die Karten auch wunderbar als Kompass benutzen, wenn du dich fragst: In welche Richtung geht mein Leben und was habe ich noch nicht gesehen? Was möchte da noch angeschaut werden und vielleicht entdeckst du auch noch ungeahnte Talente, die in dir schlummern und in den nächsten Wochen an die Oberfläche drängen, damit sie gelebt werden können. Diese Talente magst du in deiner Kindheit schon gelebt haben, aber sie sind dann durch den Alltag verloren gegangen. Oder du hast dir gedacht: „Nein, das kann man doch nicht machen, das gehört sich nicht." Aber die Zeiten ändern sich und vielleicht erlaubst du es dir nun, es doch anzupacken. Beispiel könnte sein, dass du in deiner Kindheit gerne Tänzer oder Tänzerin geworden wärst. Und nun zeigt sich in den Karten, dass das Tanzen immer noch in deinem Unterbewusstsein als Wunsch abgespeichert ist. Du wirst es dann nicht nur in den Karten sehen, sondern auch im Alltag immer wieder mit Situationen konfrontiert, die mit dem Tanzen zu tun haben. Oder du bist unglücklich mit deinem Job, weil du ihn nur aus Vernunftsgründen gewählt hast, oder weil zum Beispiel deine Eltern es so gewollt haben. Du kannst nun in den Karten schauen, welche Möglichkeiten du hast, das Ruder wieder herumzureißen, um doch noch deine Berufung zu leben.

Du kannst die Karten zu allen Themen befragen. Es gibt keine Fragen, zu denen du nicht eine Antwort erhältst, auch wenn du es für unmöglich hältst. Hierzu möge gesagt sein, dass das Thema Gesundheit und Tod in der Beratung nicht zur Sprache kommt, da dies aus ethischen und auch rechtlichen Gründen nicht zulässig ist. Aber wenn du die Karten für dich selber befragst, wirst du auch hier eine Antwort erhalten, allerdings stellt sich hier die Frage, ob du die Antwort wirklich hören möchtest. Es spricht nichts gegen das Befragen der Karten, wenn du für dich einen Weg suchst, um bestimmte körperlichen Themen zu bearbeiten.

Aber mal ehrlich, wieso können die Karten das sagen? Sehr einfach, die Karten sind ein Werkzeug, die das Wissen, was in dir steckt, in Form von Bildern darstellen (oder je nachdem, welche Karten du befragst, sind es auch Wörter). Es ist, als öffnest du dein Lebensbuch. Ja, du hast richtig gelesen. Das ganze Wissen steckt in dir. Niemand kann dir besser sagen, was gut für dich ist, und niemand weiß besser, warum etwas in deinem Leben geschieht, wenn es vielleicht auch unbewusst ist. Stell dir vor, das ganze Universum ist ein riesiges Netzwerk, ähnlich dem Internet. Alles Wissen der Welt ist im Universum gespeichert und du hast jederzeit die Möglichkeit, das Wissen abzurufen. Wenn du Fragen ans Internet hast, benutzt du eine Suchmaschine und stellst deine Frage. Und oft hast du schon festgestellt, dass du deine Frage so genau wie möglich stellen musst, damit deine Frage auch wirklich beantwortet wird. Sonst bekommst du 10.000 Ergebnisse angezeigt. So ist es mit dem Universum auch. Je genauer du deine Frage definierst, umso genauer kann sie auch beantwortet werden. Auch im Universum hast du mehrere „Suchmaschinen" zur Auswahl. Die Karten sind eine solche Suchmaschine, aber auch das Channeln, das Pendeln, die Kinesiologie und auch die Traumdeutung, um nur einige zu nennen.

Das heißt, die Karten klinken sich ins Universum ein, um die gewünschten Informationen offenzulegen. Das heißt aber nicht, dass es nicht auch hier Regeln gibt. Informationen über andere Menschen bekommst du nur, wenn es für deinen Weg wichtig ist. Du möchtest auch nicht, dass andere Menschen deine Grenzen überschreiten und in dein inneres Wesen schauen. Auch kann es sein, dass du bestimmte Antworten nicht bekommst bzw. dass bestimmte Aspekte nicht in den Karten zu sehen sind, weil sie deinen Weg behindern würden. Das Universum ist immer darauf bedacht, dich darin zu unterstützen, dass du die von dir (bzw. deiner Seele) gewünschten Erfahrungen machen kannst.

Wie kannst du die Karten nun für dich nutzen? Natürlich hast die Möglichkeit, einen Kartenleger oder eine Kartenlegerin zu Rate zu ziehen. Du kannst dir aber auch einfach ein eigenes Kartendeck zulegen und anfangen, dich damit zu beschäftigen. Vielleicht probierst du es erstmal mit einem Seelenkarten- oder Engel-Kartendeck. Diese erfordern nicht, dass du bestimmte Legetechniken oder ihre Bedeutung kennen musst, da sie ausreichend erklärt werden. Du kannst einfach die Karten auffächern und intuitiv eine Karte ziehen. Oder aber du mischt sie durch, bis du das Gefühl hast, es ist genug, und deckst die oberste Karte auf. Bei vielen Kartendecks sind ausführliche Beschreiben mit dabei, die dir Antworten zu deiner jetzigen Situation bzw. deiner Frage geben. Ein großes Angebot in allen möglichen Variationen findest du in der Buchhandlung in deiner Nähe oder im Internet-Buchhandel.

Wenn du aber tiefergehend an den Karten interessiert bist, schaue dir einfach verschiedene Kartendecks an und nimm wahr, ob sie dich ansprechen. Vielleicht spürst du eine Bindung zu den Tarot-Karten oder zu den Kipper-Karten. Es kann auch sein, dass du die Skatkarten bevorzugst oder die Zigeunerkarten. Ich persönlich bevorzuge die Lenormand-Karten, da ich von Anfang an eine tiefe und magische Verbindung zu diesen Karten gespürt habe. Alle diese Kartendecks gibt es in vielen Ausführungen. Die einen sind bunt und verspielt, die anderen künstlerisch anmutend. Mache dir nicht zu viele Gedanken, welche die richtigen Karten für dich sind. Schau einfach, wie du auf sie reagierst. Zu welchen Karten fühlst du dich hingezogen und kannst dir vorstellen, dass sie dir auf deine Fragen die Antworten geben können? Es gibt mittlerweile auch viele Kartendecks, auf denen neben den Bildern auch ein Teil der Bedeutungen steht. Diese eignen sich auch sehr gut für den Anfang. Mit der Zeit kommen zu den herkömmlichen Bedeutungen noch die eigenen Bedeutungen mit hinzu, die einfach aus der Erfahrung geboren werden. Alle Bedeutungen, die in den Büchern beschrieben werden, dienen nur der Unterstützung, wenn man gerade beginnt, sich mit den Karten zu beschäftigen. Je mehr Erfahrung du hast, umso mehr gehst du in die Tiefe und es ergeben sich neue Bedeutungen. Natürlich kannst du ihnen auch von Anfang an eigene Bedeutungen geben. Da sie dein magisches Werkzeug sind, arbeiten sie mit dir zusammen und legen sich so, dass du sie deuten kannst und somit Antworten auf deine Fragen erhältst. Die Lenormand-Karten sind zum Beispiel Bilderkarten und anhand des Motives lässt sich schon leicht erkennen, worum es sich bei der Karte handelt.

Nehmen wir zum Beispiel das Kleeblatt, die zweite Karte des Decks. Jeder weiß sofort, was das Kleeblatt bedeutet. Es steht für das Glück, wenn es auch nur für das kleine Glück steht, da das Kleeblatt nicht groß ist. Und es hat auch die Bedeutung der Hoffnung. Denn wenn wir ein vierblättriges Kleeblatt finden, hoffen wir, dass sich unsere Wünsche erfüllen. Oder schauen wir uns das Buch an. Auf der Karte ist ein geschlossenes Buch zu sehen. Aus einem Buch kann man viel Wissen entnehmen bzw. viel lernen. Daher steht die Karte für das Lernen bzw. das Studium. Aber es ist noch verschlossen, das heißt, wir kommen an das Wissen noch nicht heran. Wenn wir etwas nicht wissen, kommt es einem Geheimnis gleich. Die Karten haben natürlich noch viel mehr Bedeutungen, die du mit der Zeit erforschen kannst.

UM TIEFERGEHENDE ANTWORTEN auf bestimmte Fragen zu bekommen, reicht es leider nicht nur, die Bedeutungen zu kennen. Es gibt verschiedene Legetechniken um den Karten die Antworten zu entlocken. Gerade kleine Legungen eignen sich für den Anfang hervorragend. Eine bekannte Legung ist zum Beispiel die Dreier-Legung: Man legt einfach drei Karten hintereinander aus und schaut sich dann die einzelnen Karten an. Die erste Karte steht für die Vergangenheit, die zweite für die Gegenwart und die dritte Karte steht für die Zukunft. Will man also zum Beispiel wissen, wie es im Beruf aussieht, kann man erkennen, wie es in der Vergangenheit war, was gerade gegenwärtig abläuft und wie die Tendenz für die Zukunft ist. Jetzt wirst du sagen, dass du doch weißt, was in der Vergangenheit war, und du die Gegenwart auch kennst. Aber du hast ja nur den Blick aus deiner Perspektive, die Karten aber schauen auf die Gesamtperspektive und dadurch können sich immer neue Erkenntnisse bringen. Kleine Legungen findest du im Internet zu Hauf und es gibt auch einige Bücher, die sich damit befassen. Bei den kleinen Legungen ist wie mit den Karten, du kannst dir auch einfach eigene Varianten ausdenken. Wichtig ist nur, dass du vorher festlegst, welcher Platz welche Bedeutung hat. Das Goldstück bei den Lenormand-Karten ist die große Tafel. Hier werden alle 36 Karten ausgelegt und es ist, als wenn du ein Lebensbuch öffnest. Das ist Magie pur.

Leider werden die Karten heutzutage oft als esoterischer Humbug abgetan, dabei arbeiten selbst Psychologen teilweise mit Karten - nicht um in die Zukunft zu schauen, sondern um zum Beispiel unbewusste Themen zum Vorschein zu bringen. Man kann so viele Erkenntnisse für sein Leben daraus ziehen, vor allen Dingen, wenn man das Leben aus einer anderen Perspektive betrachten möchte. Wenn man seine unerkannten Talente entdecken möchte. Auch unbewusste Glaubenssätze und energetische Verstrickungen lassen sich erkennen. Und alles, was wir „kennen", können wir auch verändern. Mit Hilfe der Karten hat man die Möglichkeit, in die Tiefe seines eigenen Seins abzutauchen.

Aus meiner Erfahrung als Beraterin kann ich sagen, dass es bei den Fragen an die Karten meistens um die Liebe geht. Das Problem ist häufig, dass wir an einem Menschen festhalten, weil wir „denken", dass dieser Mann genau der Richtige ist und wir nur mit ihm glücklich werden können. Aber Liebe ist ein Gefühl und nicht ein Gedanke. Die meisten von uns haben schon die Erfahrung gemacht, dass gerade das, was wir im Moment nicht haben können, am interessantesten ist. Der Kopf will unbedingt „haben". In dem Moment verwechseln wir das Habenwollen und die Emotionen, die dahinter stecken, wie zum Beispiel Traurigkeit (weil er verletzt) oder Wut (weil er sich nicht meldet), mit wahrer Liebe. Damit will ich nicht sagen, dass keine Liebe im Spiel ist, um Gottes Willen. Aber wir dürfen bedenken, dass Beziehungen die besten Spiegel für uns sind. Sie zeigen uns, wo es in uns noch der Heilung bedarf. Wenn uns jemand nicht wertschätzt, so darf uns das zeigen, das wir selber uns nicht wertschätzen. Auch die Art, wie andere Menschen mit uns reden, sollte uns aufmerksam darauf machen, wie wir mit uns selber reden. Ein weiteres Problem bei Beziehungen sind unsere Erfahrungen der Vergangenheit und auch unsere Glaubenssätze. Wurden wir in der Vergangenheit belogen, bringen wir das in die neue Beziehung mit ein. Vielleicht nicht direkt am Anfang, aber wenn das Gefühl in die Tiefe geht, werden wir verletzbar und dann halten wir uns unsere alten Erfahrung oder aber auch Glaubenssätze wieder vor Augen. Der neue Mann (bzw. die neue Frau) kann nichts für deine Erfahrung, wird aber nun mit dem Thema konfrontiert. Andersherum ist es natürlich genauso und schon entstehen Konflikte. Doch genau daraus können wir unheimlich viel lernen. Und auch hier leisten die Karten eine wertvolle Hilfestellung.

Ein weiteres Thema, was sich bei den Kartenlegungen oft zeigt, ist, dass der Mensch immer wieder die gleichen Erfahrungen macht. Man gerät man an Menschen, die sich uns gegenüber ähnlich verhalten, obwohl wir uns etwas ganz anderes wünschen. Warum ist das so? Weil wir Menschen bzw. Situationen in unser Leben ziehen, damit wir daraus etwas lernen. Unsere Seele hat sich einfach vorgenommen, dass sie da etwas daraus lernen möchte. Und wie lernt die Seele? Natürlich in der Schule des Lebens :-) Das heißt, wir geraten immer wieder in die gleichen Situationen, bis wir daraus gelernt haben. Das ist wie in der Schule: Wir bekommen den Stoff so lange vor die Nase gehalten, bis wir es gelernt haben. Lernen wir es nicht, drehen wir eine Extrarunde. Hier können die Karten sehr schön aufzeigen, wo die Lernaufgabe liegt. Das kann zum Beispiel der Mangel an Vertrauen sein oder aber auch Ängste, die abgelegt werden möchten.

DU SIEHST, die Karten können viel Klarheit bringen. Sie können aber auch für Verwirrung stiften. Und zwar in dem Moment, in dem du zweifelst und gleich nochmal die Karten befragst. Oder aber die Karten sagen dir nicht das, was du hören möchtest, und du schaust dann so lange, bis du die Antwort bekommst, die in deinem Sinne ist. Damit verlieren die Karten aber ihre Glaubwürdigkeit und auch ihre Magie. Karten sind nicht einfach nur Dinge, die man einfach wieder in die Ecke legt. Karten möchten mit Wertschätzung behandelt werden, denn sie leisten Wertvolles. Sie möchten in einem schönen Etui oder einer schön verzierten Schachtel aufbewahrt werden. Auch benötigen sie zwischendurch immer wieder einmal eine energetische Reinigung, da sie so viel Energie aufnehmen.

Doch wozu auch immer du die Karten befragst: Bitte, bitte, vergiss dabei nie, das Leben ist wie ein Spiel. Es heißt schließlich nicht ohne Grund „das Spiel des Lebens". Auch die Karten sind ein Spiel. Also fang an zu spielen und gib deinem Leben mehr Leichtigkeit und Freude!

MICHAELA WETZEL ist ausgebildete spirituelle Lebensberaterin und lehrt die Kunst des Kartenlegens. Geradlinig zeigt sie Tendenzen, Ursachen und Möglichkeiten auf. Dabei motiviert sie Menschen mit Herz und viel guter Laune, neue Wege zu gehen.

IHR GESCHENK an dich ist ein PDF mit den allgemeinen Bedeutungen der Lenormand-Karten und die kleinen Legungen, das du dir hier herunterladen kannst: http://bit.ly/3dLqUcE

Coloured Mind – Farbenergien für mehr Leichtigkeit in deinem Leben

von Carina Griesebner

„Du kannst auf dieser Welt nur leben, wenn du sie zu deiner Geliebten machst. Sie mit diesen Wundern und Grausamkeiten annimmst und zwischen beiden das Gleichgewicht findest. Sonst wirst du sie nicht so verlassen können, wie du es vorhast – laut lachend auf einem silbernen Vogel fliegend und bis zum Rand erfüllt mit allem, was sie dir zu bieten hatte." – Janosch

DAS IST DAS, was ich mir für dich wünsche. Mir ist bewusst, dass unser Leben nie geradlinig verläuft und wir im Laufe unseres Lebens mit vielen Herausforderungen konfrontiert werden, die es zu meistern gilt. In diesem Kapitel möchte ich dir Anregungen liefern, die dich dabei unterstützen sollen, wieder in deine Mitte zu kommen. Es sind Denkanstöße, die mich oft auf meinem Weg unterstützt haben. Bitte verstehe alle vorgestellten Methoden als Inspiration für dich, die du ganz nach deinen Bedürfnissen abwandeln, verändern und umfunktionieren kannst. Nur du kennst dich gut genug, um zu wissen, was dich in diesem Moment am besten unterstützt. Ich möchte dich ermutigen, nicht meinen, sondern deinen Weg zu gehen, mit allem, was er dir zu bieten hat. Ich möchte dich ermuntern, nicht nur eine, sondern viele Lösungswege in Betracht zu ziehen. Was ich dir vielleicht noch sagen sollte: Stelle dich darauf ein, dass es die nächsten Seiten farbenfroh zugehen wird.

Die Welt der Farben

Physikalisch betrachtet sind Farben elektromagnetische Schwingungen des Lichts. Jede von ihnen besitzt eine eigene Wellenlänge, die in Nanometern gemessen wird. Um Farben überhaupt wahrnehmen zu können, spielt vor allem unsere Netzhaut eine große Rolle. Ein subjektiver Farbeindruck entsteht, wenn unser Sehsystem den Sinnesreiz verarbeitet, welcher durch das Licht verschiedener Wellenlängen auf unserer Netzhaut ausgelöst wird. Während wir Menschen ähnlich wie Affen über die drei Farbrezeptoren Rot, Grün und Blau sehen, verfügen beispielsweise Säugetiere wie Hunde, Katzen oder Rinder nur über die zwei Pigmente Blau und Gelb. Das Vorurteil, dass eine rote Farbe Stiere besonders reizt oder aggressiv macht, kann nach heutigen Stand der Forschung widerlegt werden, da diese die Farbe Rot gar nicht wahrnehmen können.

Bereits Goethe wusste um die Wirkung einzelner Farben, um unsere Laune zu verbessern oder gar zu verschlechtern. Längst gibt es dazu zahlreiche wissenschaftliche Studien, die seine Annahme bestätigen: Farben können in uns bestimmte Stimmungen und Emotionen auslösen. Natürlich hängt die Wirkung stark von den Farbfaktoren der Helligkeit, Schattierung, Ton und Temperatur ab, welchen Einfluss sie auf unsere Emotionen ausüben. Nachfolgend gebe ich dir einen kleinen Farbüberblick mit kurzen Übungsanleitungen.

Beruhigende Farben

Grün ist die Farbe der Natur und Erneuerung. Sie beruhigt sowie harmonisiert uns, gibt uns das Gefühl von Sicherheit und inspiriert uns zu neuen Gedanken und Ideen. Diese Farbqualität kannst du am einfachsten für dich nutzen, wenn du viel Zeit in der Natur verbringst. Du wirst merken, wie du dich frischer fühlst und dein Geist sich wieder erholt. Falls du einmal zu wenig Zeit findest, um deine Reserven direkt bei einem Spaziergang wieder aufzuladen, möchte ich dir eine kleine Übung vorschlagen, um dennoch die Kraft der Farbe Grün in dir zu integrieren. Lüfte vor der Übung gut durch. Öffne gedanklich all deine Energiekanäle mit einem Atemzug (keine Sorge, du musst nicht wissen, wie das genau vonstattengeht, sondern zeigst damit lediglich deinem Körper deine Bereitschaft, all deine Zellen zu öffnen). Atme dann die Farbqualität Grün in dein Herz ein. Stell dir vor, wie die Energie beim Ausatmen durch deinen ganzen Körper fließt und alles mitnimmt, was nicht deiner inneren Balance entspricht. Halte keinen Gedanken fest, sondern konzentriere dich stattdessen ganz auf deine Atmung. Du wirst merken, wie du dich innerhalb von wenigen Minuten wieder lebendiger und aufnahmefähiger fühlst.

Cyan/Türkis vermittelt uns geistige Offenheit und ein Freiheitsgefühl. Diese Farbe kannst du nutzen, wenn du einen wachen Geist benötigst: Öffne zuvor mit einem Atemzug wieder alle Energiekanäle. Als Nächstes atmest du durch den Kopfscheitel die Energiequalität Cyan/Türkis ein und gedanklich durch die Fußsohlen wieder aus. Mache dies einige Male und erfreue dich über den Energy-Boost für deinen Kopf.

Blau beruhigt uns, schafft Vertrauen und unterstützt uns in der Kommunikation zu unseren Mitmenschen. Diese Farbe hilft uns dabei, inneren und äußeren Frieden zu finden, und vermittelt ausgleichende Energien, um Stress und Hektik gelassen zu bewältigen. Mit der Farbe Blau assoziieren wir den strahlenden Himmel, das Meer, die Seen, Flüsse und Bäche. Nutze diese Bilder, wenn du die Farbqualität Blau in dir verankern möchtest: Am besten legst du dich für diese Übung hin. Stell dir vor, wie du auf einem Floß liegend in einem See treibst (setze hier gerne stattdessen das Meer, einen Fluss oder Bach ein). Nimm wahr, wie dich das Wasser auf deinem Floß trägt und du ruhig und behütet vom Wasser getragen wirst. Versuche dich vollkommen darauf einzulassen und dich ganz dieser Energie hinzugeben. Atme durch deinen Kehlkopf die Farbe Blau und stell dir vor, wie alles von dir abgespült wird, was dich gerade daran hindert, voll und ganz in dein Vertrauen und deinen inneren Frieden zu fallen. Es kann sein, dass du währenddessen einschläfst, deshalb nimm dir für diese Übung ausreichend Zeit.

Wenn du dich mal überhitzt fühlst, hülle dich gedanklich in die Farbe Blau und du wirst feststellen, dass es gleich kühler wird.

Purpur/Violett steht für Transformation, Kreativität sowie Schutz und unterstützt ebenso deine Konzentrationsfähigkeit. Diese Farbe hat eine stark meditative Wirkung und beeinflusst unser Unterbewusstes, indem sie das seelische Gleichgewicht und die Innenschau fördert. Violett-Töne regen außerdem unsere Phantasie an und schenken uns vor allem in schwierigen Situationen die nötige Gelassenheit, Ruhe, Entspannung und Selbstsicherheit. Vor allem in herausfordernden Zeiten neigen wir dazu, uns kleinzumachen. Nutze diese Übung, um neue Lösungsperspektiven zu erhalten: Lege dich bequem hin und öffne mit einem Atemzug all deine Energiekanäle. Atme violette Energie durch deinen Scheitel ein und verteile diese bei jedem Ausatmen in deinem ganzen Körper. Stell dir nun vor, wie sich dein Geist mit jedem Atemzug weiter und weiter ausdehnt, erst so groß wie dein Zimmer, dann so groß wie dein Wohnraum, dein Ort sowie der Kontinent, auf dem du wohnst, und immer weiter bist du dich bis zum Universum ausgedehnt hast. Hülle gedanklich alles in die violette Farbe, was dich gerade belastet, und bleibe so lange in dieser Energie, bis sich der angestaute Druck auflöst. Wenn du merkst, dass sich einige Knoten nicht lösen wollen, vertraue deiner Intuition und spüre dort genauer hin. Was benötigen diese Knoten, um sich zu lösen? Vielleicht eine weitere Farbe oder möchte etwas verbal ausgedrückt werden? Es gibt hier kein richtig oder falsch, du darfst dich ganz auf dein Gespür verlassen.

Fröhliche Farben

Hier geht es um leuchtende Farben wie Gelb, Orange, Pink und Pastellfarben aller Art — je leuchtender und heller, desto fröhlicher und optimistischer wirken sie auf dich.

Gelb steht für die Farbe der Sonne, des Lichtes, für Optimismus und Freude. Die Farbe lindert ebenso Ängste und Sorgen, wirkt entgiftend und regt die Kreativität und Konzentration an.

Orange schenkt dir Optimismus, Lebensfreude sowie Aufgeschlossenheit, hellt deine Stimmung auf und stärkt deine Kontaktfreudigkeit sowie dein Selbstvertrauen.

Nutze die Sonnenstunden, um dich mit den Farbqualitäten von Gelb und Orange aufzuladen. Falls dies wettertechnisch einmal nicht möglich ist, gebe ich dir hier eine kurze Anleitung, wie du die Qualitäten der beiden Farben dennoch gut in dir integrieren kannst: Atme tief ein und aus und stell dir vor, wie die beiden Farben wie ein Strudel bei jedem Atemzug tiefer und tiefer durch deinen Bauchnabel in all deine Zellen fließen und dich aufladen mit frischer, freudvoller Energie. Du kannst gerne Musik einbinden und dabei deine Lieblingssongs hören – alles, was dir gut tut, ist natürlich erwünscht.

Magenta/Pink und Rosa bringen dir Freude, Idealismus, Ordnung in Gedankenspiralen und die Eigenschaft des Mitgefühls. Magenta ist die Farbe des Schutzes, der inneren Freiheit sowie Sicherheit, sie hilft dir bei Liebesdingen und unterstützt dich dabei, Aggressionen abzubauen. Diese Farben kannst du nutzen, um dich auf schwierigere Gespräche oder Kundentermine gut vorzubereiten: Öffne mit einem Atemzug gedanklich deinen Herzensraum und atme Magenta/Pink und Rosa in dein Herz hinein, so lange bist du merkst, dass dein Herzensraum ganz weit wird. Dehne nun die Energien bei jedem Atemzug weiter aus und stärke damit dein Rückgrat und deine Schultern. Du wirst es merken, wenn ausreichend Farbenergie dorthin geflossen ist. Konzentriere dich nun nochmals auf deinen Herzensraum. Welche Eigenschaften benötigst du noch, damit du sicher in dein Gespräch gehen kannst? Formuliere diese Eigenschaften als positive Sätze und stell dir vor, wie du diese bei jedem Atemzug in deinem Herzen integrierst, wie beispielsweise: „Ich stelle selbstbewusst mein Projekt vor", „Ich begeistere mein Gegenüber" usw. Wenn du damit fertig bist, stelle dir dein Gegenüber vor deinem geistigen Auge vor. Schau genau hin: Begegnet ihr euch auf Augenhöhe oder ist jemand von euch kleiner oder größer? Wenn dies der Fall ist, ziehe die kleinere Person visuell auf dieselbe Größe der anderen Person, damit sie sich auf Augenhöhe begegnen können. Fertig! Ich wünsche dir viel Spaß und Erfolg bei deinem Termin.

Rot ist die Farbe des Feuers, der Leidenschaft und des Zorns. Sie erregt Aufmerksamkeit und steht für Vitalität und Energie. Außerdem aktiviert, wärmt, erhitzt sie und regt deinen Kreislauf, Stoffwechsel und dein Immunsystem an. In China steht Rot für die Farbe des Glücks und Reichtums, wohingegen sie bei uns in der westlichen Welt vor allem für Gefahr, Zorn und Dynamik steht. Die Farbe Rot hilft uns, einen niedrigen Energiepegel und unsere seelische Kraft zu erhöhen und wieder anzufeuern: Öffne mit einem Atemzug all deine Energiekanäle und atme durch deinen Unterleib ein schönes Karminrot. Stell dir bei jedem Atemzug vor, wie dein Energielevel immer mehr ansteigt und du mit neuer Kraft versorgt wirst. Es kann sein, dass dir dabei sehr heiß wird. Lenke gerne diese Energie bewusst auf etwaige körperliche Blockaden, die du lösen möchtest.

Du kannst diese Übung auch nutzen, um deinen Körper bei Kälte zu erwärmen.

Erdende Farben

Braun steht für die Erde, die Geborgenheit und materielle Sicherheit. Sie bringt dich wieder in deine Mitte, wirkt ausgleichend und verwurzelt dich, um inmitten aller Herausforderungen gut aus deiner Mitte heraus agieren zu können. Nutze diese Übung, um dich zu erden und wirre Gedanken auf den Boden der Tatsachen zu bringen: Stelle dir vor, wie sich mit einem Atemzug deine Fußsohlen wie eine Lotusblume öffnen. Atme die Farbe Braun durch deine Fußsohlen ein und stelle dir vor, wie bei jedem Ausatmen Wurzeln aus deinen Fußsohlen in die Erde wachsen. Mit jedem Atemzug verwurzeln sich diese immer tiefer in die Erde. Stelle dir gedanklich einen Kreislauf vor, wo du beim Einatmen mit wichtigen Nährstoffen versorgt wirst und bei jedem Ausatmen Altes, Unbrauchbares aus dir herausgezogen wird. Es kann sein, dass du bei dieser Übung merkst, dass deine Beine ganz schwer werden. Ist dies der Fall, ziehe die Energien gedanklich durch deinen ganzen Körper. Verweile in dieser Übung so lange, bis du merkst, dass du wieder gut mit beiden Beinen im Leben stehst.

Erhebende Farben

Weiß wirkt auf uns neutralisierend, reinigend und stimmungsaufhellend. Ebenso steht die Farbe für Frieden und Wohlbehagen. Entgegen der Meinung, dass die Farbe Weiß das Nichts repräsentiert, verkörpert diese physikalisch gesehen Alles – also alle Farben des Lichts sind in ihr integriert. Die Farbe symbolisiert das Licht, den Glauben, das Gute, den Anfang, das Neue, die Weisheit und vieles mehr.

Gold repräsentiert die Verbindung zur Sonne, der Macht, Pracht und des Reichtums. Sie schenkt dir Kraft, Inspiration und geistigen Reichtum und Fülle.

Silber stärkt dein Selbstbewusstsein und hilft dir dich selbst zu verwirklichen. Außerdem löst die Farbqualität Blockaden und hilft dir Flexibilität in dein Denken und Handeln zu bringen.

Die nachfolgende Übung führe ich gerne durch, wenn mich Situationen besonders herausfordern: Lege dich hin und öffne mit einem Atemzug all deine Energiekanäle. Atme durch deine Stirn die Farbqualitäten Weiß, Gold und Silber ein und gedanklich durch dein Steißbein wieder aus. Führe dies circa acht bis zehn Atemzüge lang durch, bis du deinen gesamten Körper mit dieser Energie aufgefüllt hast. Stell dir das Ganze wie einen Sommerregen vor, der den Staub aus von den Straßen wäscht. Lenke bewusst die Energien an jene Stellen, wo es noch nicht so gut durchfließt und lasse zu, dass sich alles löst, was du nun nicht mehr benötigst. Ich wünsche dir viel Freude mit dieser Übung.

Es gibt natürlich noch viel mehr über die Wirkung der einzelnen Farben zu berichten und zu ergänzen. Ich möchte dich hier ermutigen offen zu sein und spielerisch mit den einzelnen Farbqualitäten zu experimentieren – du wirst überrascht sein, was sich da alles zeigt.

Deine innere Haltung

In diesem Absatz geht es vor allem um die eigene Einstellung zu sich selbst und dem Leben. Unsere innere Haltung beeinflusst sowohl unser Denken und Fühlen als auch unser Handeln und wirkt sich maßgeblich auf unsere Entscheidungen in bestimmten Situationen aus. Unser Gehirn verknüpft unsere Emotionen zu unseren Erlebnissen und prägt dadurch unsere Einstellung zu bestimmten Lebensbereichen. Beispielsweise schaffen positiv verknüpfte Emotionen eine ebenso positive Lebenshaltung und negativ geprägte Erlebnisse ein dementsprechendes Abbild von unserer Umwelt und uns selbst. Möglicherweise ist eine in dir verankerte Ansicht, dass du immer klein gehalten wirst und dich nicht entfalten oder deine Wünsche und Träume leben kannst. Aufgrund deiner Prägung wirst du dich auch dementsprechend verhalten und immer wieder die Erfahrung machen, dass du nicht deine wahre Größe zeigen darfst – eine Art selbsterfüllende Prophezeiung, nach der du dich sogar dir selbst gegenüber so verhältst und deine Mitmenschen lediglich darauf reagieren. Vielleicht zeigt sich dies an deiner Körperhaltung, deiner Stimmlage und deinen negativen Gedanken in Bezug auf dich selbst. Die gute Nachricht ist, dass all diese inneren Einstellungen wieder veränderbar sind, indem du sie aufspürst und in eine positive Richtung wandelst. Trainierst du deine innere Haltung in eine offene und positive Richtung, kannst du zukünftige Krisensituation besser und leichter bewältigen und flexibel auf stressige Situationen reagieren. Der Nachteil an der Sache oder besser gesagt der Vorteil: Die Veränderung in eine positivere Richtung liegt ganz bei dir selbst. Sei dir bewusst, die Entscheidung wie du selbst mit dir umgehst, liegt immer an dir, dadurch kannst du von innen nach außen kreieren und nicht umgekehrt. Nachfolgend möchte ich dir ein paar Methoden zur Verfügung stellen, die dich darin unterstützten, deine innere Haltung zu verändern. Ich habe bewusst die Überschriften mit „Ich bin ..." gewählt, denn diese beiden Wörter gehören nur dir allein, du kannst sie für keine andere Person als für dich nutzen.

Ich bin dankbar

Das Wort „Dankbarkeit" klingt so banal und fast zu einfach – aber für etwas dankbar zu sein, kann eine ungemein großartige, freudvolle Kraft in uns entfachen. Versuche es doch selbst einmal, indem du dir Zeit nimmst und du dich – vielleicht mit einer guten Tasse Tee oder Kaffee – auf deinem Lieblingsplatz zurückziehst. Wenn Dankbarkeit eine Farbe wäre, welche Farbe wäre sie denn heute für dich? Wenn du dich für eine oder gar mehrere entschieden hast, stell dir vor, wie du mit einem Atemzug all deine Kanäle öffnest und genau diese Farbqualität in dein Herz atmest. Lass zu, dass sich die Farbqualität weiter ausdehnt, in jeden Körperteil bis hin zu den Finger- und Zehenspitzen. Wenn du das Gefühl hast, dass du vollkommen damit eingehüllt bist, formuliere Sätze für alles, wofür du in deinem Leben dankbar bist. Hier gibt es natürlich keine Richtlinie, wie viele das sein sollen, aber damit du auch etwas nachdenken musst, schlage ich vor, dass du zwischen zehn bis 15 Sätze findest.

Falls du Startschwierigkeiten hast, gebe ich dir ein paar Anregungen für mögliche Formulierungen: „Ich bin dankbar für den Songwriter, der mein Lieblingslied komponiert hat." (ausatmen)

„Ich bin dankbar für mein Auto, das für mich immer zuverlässig anspringt und mich sicher zur Arbeit bringt." (ausatmen)

„Ich bin dankbar für mein Zuhause, für meinen Rückzugsort ..." (ausatmen)

„Ich bin dankbar für meinen Mann/Frau/die „braven" Kinder ..." (ausatmen)

...

Lass dich drauf ein, hab Spaß und lass deiner Kreativität freien Lauf – alles ist erlaubt.

Ich führe diese Übung gerne vor dem Einschlafen durch für den perfekten Tagesabschluss und BESONDERS dann, wenn der Tag einmal so richtig übel war.

Ich bin mutig

Hast du den Mut, dir gegenüber schonungslos deine Emotionen und Gefühle zu offenbaren? Und ich meine damit WIRKLICH schonungslos, nicht mit einem „Aber" angehängt. Meist verwehren wir uns vor allem so genannten „schlechten" Gefühlen wie Eifersucht, Neid, Wut, Schuld, Scham, usw. Am liebsten würden wir sie gaaaaaannnnzzz weit von uns schieben. Dabei sind der Umgang und die Annahme all unserer Gefühle von so großer Bedeutung. Lässt du sie nicht zu, schließt du sie dadurch oftmals unbewusst im Körper ein, und je mehr du Anteile von dir verdrängst, desto mehr drängen sie sich in unterschiedlichen Formen und Ausprägungen an die Oberfläche, um ENDLICH gesehen zu werden. Da ich davon ausgehe, dass du eine sehr mutige Person bist, starten wir gleich mit einer Übung.

Führe hierzu als Erstes die Übung zu den „Erhebenden Farben" durch. Wenn du dich bereit dazu fühlst, bittest du deinen Schattenanteil zu dir. Nimm erst einmal wahr, wie sich dieser Anteil anfühlt. Wie zeigt er sich? Ist er groß, vielleicht sogar einschüchternd oder bedrohlich? Wie fühlt er sich an? Nimm dir ausreichend Zeit und lasse, sobald du es spürst, die eingeatmeten Farbenergien in diesen

Anteil fließen. Bewerte nichts, denn sei dir bewusst, dies ist ein Teil von dir, den du noch nicht angenommen hast. Du wirst es merken, wenn die Zeit reif ist. Frage danach, welches Geschenk dir dein Schattenanteil geben möchte. Vielleicht ist es ein Bild, vielleicht ein Gedanke oder ein Satz in deinem Kopf. Wie sieht das Geschöpf vor dir nun aus? Hat es sich verändert und kannst du es nun annehmen als einen Teil von dir? Vielleicht fällt es dir noch etwas schwer und du tastest dich noch langsam vor, indem du deinen Anteil erst einmal mit den Fingerspitzen berührst und dies vielleicht später sogar in einer Umarmung endet und ihr beiden eins werdet. Schließe die Übung ab, indem du dich bei dir selbst und deinem Schattenanteil für eurer beider Mut bedankst. Gratulation, dein erster Meilenstein zur positiven Veränderung wurde gelegt!

Ich bin wunderschön und selbstbewusst

Hier dreht sich alles um die Frage, wie achtsam du mit dir selbst umgehst. Hier möchte ich dich zur Selbstreflektion ermuntern und dir ein paar mögliche Denkanstöße liefern: Wie oft übertrittst du selbst deine Grenzen und wunderst dich vielleicht noch, warum auch dein Umfeld deine Grenzen nicht respektiert. Wie oft kritisierst du deine Entscheidungen, dein Aussehen oder dein Leben? Nimm hier bitte eine andere Perspektive ein, indem du dir vorstellst, dass du dich aus der Sicht deiner besten Freundin oder deines besten Freundes betrachtest. Wie nimmst du dich da wahr? Immer noch voller Fehler oder vielleicht mit doch mehr Wertschätzung und Zugneigung? Wie lange wärt ihr wohl noch befreundet, wenn du andauernd kritisiert würdest?

Nimm dazu die Übungsanleitung für die Farbqualitäten *Magenta/Pink und Rosa*. Nur dieses Mal formulierst du dazu Sätze mit Eigenschaften, die du in dir integrieren oder verstärken möchtest, wie beispielsweise: „Ich bin wertvoll.", „Ich bin wunderschön." und so weiter Es kann sein, dass es anfangs noch etwas holprig geht, aber du wirst sehen, je öfter du die Übung machst, desto leichter geht es dir von der Hand. Wenn du mit deiner Übung fertig bist, stell dir vor, wie sich dein Inneres und Äußeres vor deinem inneren Auge gegenüberstehen. Wie sehen die beiden aus? Sind sie beide gleich groß, oder ist ein Anteil vielleicht größer? Falls dies der Fall ist, stelle dir vor, wie der kleinere Anteil auf die Größe des anderen anwächst und sie sich auf Augenhöhe gegenüberstehen. Für diese Übung wünsche ich dir ganz viel Liebe und das Gefühl von Geborgenheit, denn genauso wie du bist, bist du wertvoll und wichtig.

Ich bin frei, mir alles zu erträumen

Hier schreibe ich bewusst über deine Träume und nicht über die Erreichung deiner Ziele, da es oftmals zusätzlichen Druck verursacht, über das Erreichen von Zielen nachzudenken. Sei auch hier schonungslos ehrlich zu dir selbst, indem du reflektierst, welche Träume wirklich deine eigenen sind oder wo du noch den Zielen deiner Familie oder deines Umfelds gerecht werden möchtest. Stell dir vor, wie dein Lieblingsgericht für dich zubereitet wird. Vielleicht hast du bereits den Duft in deiner Nase oder gedanklich schon einen Bissen zu dir genommen. Spüre genau hin, wie du dich fühlst, nachdem du das Gericht verspeist hast. Wie wäre es, wenn wir auch unsere Träume so real und einfach wahrnehmen könnten, um diese gezielt wahr werden zu lassen? Denn es gibt keinen Unterschied zwischen kleinen und großen Träumen, lediglich unser Verstand versucht uns da etwas zu verunsichern. Die Lösung hierfür ist, es einfach trotzdem zu tun. Hierzu schlage ich dir folgende Übung vor:

Setze oder lege dich bequem hin und öffne mit einem Atemzug alle Energiekanäle. Atme Regenbogenfarben in dein Herz ein, durch deine Fußsohlen aus und dehne deinen Geist mit jedem Atemzug immer weiter aus. Lade nun deinen persönlichen Herzenswunsch zu dir ein und verbinde ihn mit deinem Herzen. Schau ihn dir nun genauer an. Wie sieht er aus? Ist er vielleicht noch klein, etwas zurückhaltend? Was benötigt er, um wahr zu werden? Stell dir nun vor, wie dein Traum mit den benötigten Energien durch eure Herzensverbindung versorgt wird, sich dadurch verändert und du erkennen darfst, was du für die Erfüllung benötigst. Ich wünsche dir viel Spaß und Experimentierfreudigkeit im Umgang mit deinen Träumen.

Nun bleibt mir nur mehr eines zu schreiben: Ich wünsche dir Mut, Kraft, Zuversicht, Freude, Vertrauen, Gelassenheit, Humor und eine riesen Portion Liebe auf deinem Weg!

CARINA GRIESEBNER ist Sozialpädagogin, Hobbyfotografin, Teilzeitkünstlerin und farbenfrohe Optimistin, die nicht davon überzeugt ist, dass immer alles gut gehen wird, aber daran glaubt, dass nicht alles im Leben schiefgehen kann.

IHR GESCHENK an dich ist ein wunderschönes Wallpaper als Desktop-Hintergrund: https://bit.ly/3qoR7Sn

Besuche unsere Webseite:

https://der-kleine-coach.com

www.ingramcontent.com/pod-product-compliance
Lightning Source LLC
LaVergne TN
LVHW012014060526
838201LV00061B/4298